Tresidder

Die geheime Sprache der Liebe

Megan Tresidder

Die geheime Sprache der Liebe

Aus dem Englischen von Eva Haslinger

KAILASH

Für Simon

KAILASH

Eine Buchreihe herausgegeben von Hajo Banzhaf

Die Originalausgabe erschien unter dem Titel
The Secret Language of Love
bei Duncan Baird Publishers, London, Great Britain

Die Deutsche Bibliothek – CIP-Einheitsaufnahme
Tresidder, Megan
Die geheime Sprache der Liebe / Megan Tresidder. Aus dem Engl.
von Eva Haslinger. – München : Hugendubel, 1998
(Kailash)
Einheitssacht.: The secret language of love <dt.>
ISBN 3-88034-982-7

Umschlaggestaltung: Zembsch' Werkstatt, München
Produktionsbetreuung: Print Company Verlagsges.m.b.H.,
Margaretenstr. 87, 1050 Wien
Lektorat: KIZ Zettel KEG
Satz: Kaltenbrunner+Dorfinger
Printed in Singapore by Imago

ISBN 3-88034-982-7

Inhalt

Einleitung

O Liebe, du geheimnisvolle Schönheit,
Dein wahres Antlitz
bleibt selbst dem Weisen verborgen.

W. B. YEATS (1865–1939), »BROWN PENNY«

Die Liebe ist ein vielschichtiges Gefühl – vielleicht das wichtigste, zu dem der Mensch fähig ist. Sie widersetzt sich jeder theoretischen Definition, und doch gestaltet sie unser Leben; sie kann schöpferische und zerstörerische, wunderschöne und schreckliche Formen annehmen. Das Schiff der Liebe führt uns ins Paradies oder überläßt uns dem Elend, wenn wir um den Verlust eines geliebten Menschen trauern.

Liebe ist mehr als bloße Zuneigung, obwohl beide Gefühle oft gleichgesetzt werden. Sie kennt viele Geheimnisse und zeigt viele Gesichter. Sie kennt die Sehnsucht des Asketen auf der Suche nach Spiritualität, die Liebe zwischen Eltern und Kindern, die Verbindung zwischen zwei engen Freunden und die tiefe Zufriedenheit eines alten Ehepaares, bei dem die sexuellen Gelüste schon verebbt sind. Dies alles sind Formen tiefer Liebe, die – wie manche meinen – sogar stärker und langlebiger sind als das romantische Verlangen Verliebter. Für diese Liebe stellen Menschen seit Urzeiten ihre Bedürfnisse zurück und opfern manchmal sogar ihr Leben. Im Zentrum dieses Buches steht jedoch – wie in den menschlichen Träumen auch – die erotische Liebe.

Eigentlich ist jede echte Liebe erotisch, sofern sie nur die Sehnsucht mit einschließt. Der griechische Eros, die »leidenschaftliche Liebe«, ist ein mächtiges und eindeutig sexuelles Verlangen, mit jenem zu verschmelzen, was wir zu vermissen glauben. Unglückliche Liebe, enttäuschte Liebe, verdammte Liebe und verlorene Liebe sind beliebte Themen in Literatur, Musik und Film. Religion, Philosophie und Psychologie stehen der unberechenbaren Leidenschaft mißtrauisch gegenüber; gemäßigte Beziehungen oder eine diffuse Liebe zu Gott und den Menschen werden immer wieder als Ausweg aus der Tragik der Gefühle angeboten. Dessenungeachtet, erneuert sich die leidenschaftliche Kraft der Liebe mit jeder Generation.

Die unwiderstehliche Anziehungskraft der Leidenschaft ist offensichtlich. Die Liebe läßt uns unsere normalen Grenzen vergessen; sie verheißt uns einen Zustand, in dem wir über uns selbst hinauszuwachsen scheinen und uns lebendiger fühlen. Die ganze Welt sieht anders aus: Die Farben sind leuchtender, die Bäume, Blüten und Blätter lebendiger. Die Luft duftet, Blut pulsiert in unseren Adern, wir schweben mühelos über dem Boden. Die profanen Lasten des Alltags erscheinen unendlich leichter. Anblick und Berührung des geliebten Wesens sind berauschend. Der Gedanke, allein in die normale Welt zurückzukehren, wird wahrlich unerträglich.

Hochzeiten im 19. Jahrhundert ging eine oft lange und förmliche Phase des Werbens voraus. Diese Abbildung aus »La mode illustrée« zeigt eine Braut bei der Kleideranprobe.

Selbst die schönsten Worte können dieses Verzücken nicht annähernd beschreiben. Jede Liebesbeziehung hat ihre eigene, unnachahmliche Geheimsprache. So verhält es sich mit der Liebe wie mit dem unaufhaltsamen Räderwerk, das Franz Kafka beschrieb: Es verliert seine Faszination, sobald man es anhält, um seine Funktionsweise zu untersuchen.

Dieses Buch untersucht Einsichten und Ansichten der Menschen zum Thema Liebe und beschreibt die grundlegenden Archetypen, die unser Verhalten unbewußt beeinflussen. Es behandelt die vielen Facetten der Liebe und die sich ständig ändernde Sprache des Flirtens, Werbens und der Erfüllung. Vor allem huldigt es aber der Liebe als einer magischen Transformation, die erotisch, leidenschaftlich und romantisch jene flüchtige Schönheit des unaufhaltsamen Räderwerks verkörpert.

Die moderne Liebe formte sich aus einer verwirrenden Mischung von Sitten, Gesetzen und Gebräuchen. Philosophische Theorien und religiöse Verbote oder Gebote beeinflußten sie genauso wie die vielen literarischen Vorbilder. Fast nie war die Liebe so frei von gesellschaftlichen Zwängen wie heute. Und noch nie wurde sie mit so viel Freizügigkeit genossen.

Dies bedeutet jedoch noch lange nicht, daß man sich heutzutage leichter verlieben könnte oder stärkeren romantischen Sehnsüchten erläge. Im Gegenteil, die Geschichte der Liebe zeigt, daß sich das Verlangen durch Hindernisse und Aufschub,

Trennungen und Werberiten verstärkt. Der permanente Abbau dieser Regeln im Laufe des 20. Jahrhunderts hat das Wesen der menschlichen Beziehungen in der westlichen Welt nachhaltig verändert.

Die Menschen streiten seit jeher nicht nur darüber, wie wir uns verlieben, sondern auch, ob romantische Verliebtheit überhaupt die »wahre Liebe« sei. Die »Liebe für die Menschheit« – die Griechen nannten sie *Agape* – wurde immer höher bewertet als die leidenschaftliche Liebe. Sie entspricht dem Ideal der christlichen Nächstenliebe, die über die eigenen Wünsche hinaus auf die Bedürfnisse anderer blickt.

Diese Art der Liebe ist unbestreitbar edel. Sie ist eine »Gottesgabe«, die unserem freien Willen entspringt. Leidenschaftliche Liebe scheint uns hingegen keine Wahl zu lassen. Sie überwältigt uns, kommt plötzlich und unerwartet, schwillt an wie eine unbewußte oder instinktive Kraft, der wir uns nicht widersetzen können. Für die Griechen verkörperte *Eros* diese Energie. Wunderschön beschreibt Sappho, die Dichterin von Lesbos, seine Ankunft: »Schon wieder schüttelt mich der gliederlösende Eros, bittersüß, unzähmbar, ein dunkles Tier.«

Das Konzept der höfischen Liebe, in der ein Liebender seiner Geliebten sein Herz darbietet, entstand im mittelalterlichen Frankreich. Sein Einfluß besteht auch heute noch in vielen Mythen und Romanzen, etwa der Artus-Sage. Auf diesem Wandteppich aus dem 16. Jahrhundert liest ein Freier seiner Angebeteten ein Gedicht vor.

Die sexuelle Macht des *Eros* stieß schon immer auf Mißtrauen; waren es früher die Philosophen, so sind es heute viele Psychotherapeuten, die jene Probleme behandeln müssen, die *Eros* erzeugt. Es gab Zeiten, in denen eine starre Trennlinie zwischen *Eros* und *Agape* gezogen wurde; ganz so, als ob sexuelle und selbstlose Liebe nicht vereinbar wären. Im spätmittelalterlichen Europa vertrat die Kirche die Lehren des Heiligen Paulus, der spirituelle und körperliche Vereinigung klar trennte. Diese erotikfeindliche Sicht untergrub den Wert der weltlichen, körperlichen Liebe. Jungfräulichkeit und Keuschheit galten mehr als die Ehe; die Leidenschaft schien als Basis selbstloser oder geistiger Liebe schier ausgeschlossen.

Die Vorstellung, daß spirituelle und erotische Aspekte der Liebe unvereinbar seien, war im Mittelalter allerdings nur im Westen verbreitet. Östliche Religionen erkannten den Wert der Erotik auf der Suche nach dem spirituellen Glück dagegen sehr

Auf diesem italienischen Gemälde aus dem 15. Jahrhundert wird der Sieg der Göttin Venus von sechs legendären Liebhabern gefeiert: Achilles, Tristan, Lanzelot, Samson, Paris und Troilus.

wohl. Erotische Skulpturen wie die Darstellungen sexueller Vereinigungen zwischen Krishna und dem *Gopi* (Milchmädchen) Radha zieren die Fassaden hinduistischer Tempel, und die sexuelle und geistige Verbindung zwischen Shiva und Parvati bildet die Grundlage für die Philosophie des Tantra und des Shaktismus.

In der Renaissance räumten auch die europäischen Künstler und Autoren mit dem Vorurteil auf, daß Sex und heilige Liebe unvereinbar seien. Sie beschrieben die Liebe zwischen Mann und Frau als eine freudvolle, tiefgreifende Emotion, die eine göttliche, natürliche Autorität entstehen läßt. Die Liebenden in »I Modi«, einem Erotika-Album von Marcantonio Raimondi aus dem Jahr 1524, sind heldenhaft verklärte Teilnehmer eines heidnischen Rituals. Tizians »Himmlische und irdische Liebe«, ein wunderschönes, leicht ironisches Gemälde über die »erhabenen« und »niedrigen« Arten der Liebe, zeigt zwei Venusfiguren; die eine stellt die irdische Liebesgöttin dar, die andere die göttliche. Die göttliche Venus malte der Künstler nackt, die irdische bekleidete er als Ausdruck für die erotische Macht der Verhüllung. Diese Erkenntnis hält eine ganze Modeindustrie am Leben. Doch abseits des Kommerzes haben wir uns einen Rest des angeborenen Respekts vor der Schönheit und Kraft der menschlichen Liebe bewahrt. Heute vermitteln die meisten Schriftsteller, daß *Eros* und *Agape* nicht nur vereinbar sind, sondern daß eines aus dem anderen entstehen kann. Die romantische Liebe kann sich in eine liebevolle Freundschaft der reifen Liebe verwandeln. Manchmal enthält sie auch dann noch immer jenes Knistern der Leidenschaft, das sie geschaffen hat.

Tizians »Himmlische und irdische Liebe« aus der Zeit um 1515 ist eine ironische Darstellung des mittelalterlichen Glaubens, daß die weltliche Liebe eine zweitklassige Emotion ist.

Die Geschichte des Hindugottes Krishna und dem Gopi *(Milchmädchen) Radha ist einer der bedeutendsten indischen Romane. Auf diesem Gemälde sieht man Krishna zusammen mit seiner geliebten Radha durch einen Hain schreiten. Links unten salbt Radha zärtlich die Füße ihres Geliebten.*

»Zwei Liebende lauschen einem Kuckuck« des japanischen Künstlers Ippitsusai Buncho aus dem 18. Jahrhundert zeigt die Bewunderung, die wir allem entgegenbringen, wenn wir verliebt sind.

Der Preis für die leidenschaftliche Liebe ist hoch, sie birgt Gefahren in sich; Gefahren des Irrtums und der Enttäuschung, ja mehr noch, echte Folterqualen. Junge Liebende kümmern sich nicht um diese Risiken, weil für sie das Verliebtsein zu ihrem Selbstentdeckungsprozeß gehört. Lawrence Durrell beschrieb diesen Aspekt der Liebe in seinem Roman »Justine«: »Müßig, sich die Liebe als eine Harmonie zwischen Seelen, zwischen Gedanken vorzustellen; sie ist ein zeitgleiches Losbrechen zweier Seelen im eigenständigen Prozeß des Erwachsenwerdens. (...) Das geliebte Objekt durchläuft lediglich zugleich die selbe Phase des Narzißmus. Das Verlangen, ihm nahe zu sein, ist nicht vorrangig auf den Wunsch, es zu besitzen, zurückzuführen, sondern darauf, die zwei Erfahrungen miteinander zu vergleichen, wie Spiegelbilder in verschiedenen Spiegeln.«

Der Wunsch, den geliebten Menschen zu besitzen, kommt später; das Risiko, ihn zu verlieren, wird dann noch schmerzlicher, es sei denn, die Liebenden wachsen über ihr Selbst hinaus. Egoismus ist immer im Spiel. Wir möchten die andere Person bewundern – eine Art der Liebe, die Aristoteles für die aktivste und kreativste hielt –, aber wir wollen auch bewundert werden. Wird unsere Liebe nicht erwidert, ist das schmerzlich genug. Doch geliebt zu werden und diese Liebe zu verlieren, ist eine echte Qual. Es ist das bittersüße Gesicht von Eros, das Sappho beschrieb. Mag sich auch sonst viel ändern, diese Mischung aus Freude und Schmerz wird wohl nie aus dem menschlichen Sein verschwinden.

Die starren Regeln und alten Beschränkungen der westlichen Gesellschaften sollten Frauen vor allem vor Schwangerschaften außerhalb der Sicherheit einer »passenden« Ehe schützen. Die sichere Verhütung veränderte dann nicht nur das Wesen sexueller Beziehungen, sondern auch das Wesen der Liebe insgesamt. Die traditionellen Regeln des Werbens und die klare Trennung zwischen männlichen und weiblichen Rollenbildern in der Gesellschaft bewirkten etwa, daß Liebende vor der Ehe kaum intime Beziehungen eingehen konnten. Sie erlebten statt dessen abwechselnd Nähe und Trennung, Intimität und Distanz. Diese Ambivalenzen führten zu einer gewissen Selbständigkeit und Unabhängigkeit, die nicht nur das Verlangen stärkte, sondern auch gewisse Geheimnisse zwischen den Geschlechtern bewahrte. Seit es diese Regeln nicht mehr gibt, leben Paare enger zusammen als dies früher der Fall war. Frauen gehen damit im allgemeinen besser um als Männer, die regelmäßig fliehen, und zwar physisch wie emotional.

Solche Hürden sind weniger offenkundig als die Hindernisse früherer Generationen. Um sie zu überwinden, muß man wissen, welche körperlichen und seelischen Unterschiede zwischen Mann und Frau als solche grundlegend sind und welche nicht. Die derzeit stattfindende, ganz erstaunliche Revolution in der Eigendefinition von Mann und Frau macht dies nicht gerade leichter. In allen Bereichen, von der Kleidung bis zu Berufen, die wir ausüben, verschwimmen geschlechtsspezifische Merkmale. Das Drama der Liebe wird nicht mehr von Protagonisten mit unterschiedlichen Kostümen und klar definierten Rollen gespielt.

Diese Illustration aus dem »Roman de la Rose« aus der Zeit um 1500 zeigt eine Dame und ihren Liebsten beim Eintritt in den Garten der Liebe.

Dieses reizende Flachrelief mit dem Titel »Ein Korb der Liebe« zeigt die Göttin Venus, wie sie Amorfiguren in die Welt entläßt.

Einen noch bedeutend tieferen Wandel löste die moderne Vorstellung aus, leidenschaftliche Liebe könne auch in einer Ehe oder langen Beziehung bestehen. Wie anders sah man dies noch im 18. Jahrhundert. »Die Franzosen legen keinen Wert auf Treue«, schrieb beispielsweise Montesquieu, der meinte, daß ein Mann, der einer Frau ewige Liebe schwor, genauso lächerlich sei, wie jemand, der ewige Gesundheit gelobe. Auch wenn das heutzutage reichlich zynisch erscheint, galt die Ehe damals vor allem als finanzieller Vertrag. Hochzeiten, besonders unter Aristokraten, wurden von den Eltern arrangiert; Liebesehen waren rar. Schon viel früher zog die höfische Liebe des Mittelalters eine klare Trennlinie zwischen Liebes- und Eheschwüren. Marie, Comtesse de Champagne, schrieb im 12. Jahrhundert: »Die Liebe kann ihre Rechte nicht auf Verheiratete ausdehnen, denn Liebende geben ohne irgendwelchen Zwang, was in der Ehe nicht der Fall ist.«

Im 19. Jahrhundert galt die romantische Liebe als vergleichbar mit der Ehe, wenn Gedanken und Seelen perfekt harmonierten. In gewisser Weise wurde der weniger zynische moderne Glaube, daß die Liebe in der Ehe überleben und sogar noch stärker werden kann, durch besseren Aufklärungsunterricht und sexuelles Bewußtsein verstärkt. In der offenen »sexuellen Revolution« galt gekonnter Sex als Schlüssel zu ewiger Liebe. Steigende Scheidungsraten haben diese simple Anschauung in Frage gestellt, und heutzutage gelten weniger sexuelle Techniken als Verständnis und gegenseitiger Respekt als Basis für eine gute Beziehung. Diese Umsicht zeigt einen neuen Ansatz für die Liebe, der weder skeptisch, noch blauäugig ist. Wenn sich unter dem Druck der raschen sozialen Veränderungen des 20. Jahrhunderts wirklich eine neue Vision der Liebe entwickelt, so kann dies nur mit Kenntnis der Vergangenheit geschehen. Die Verbindungen zwischen Sex, Liebe und den veränderlichen Launen des menschlichen Herzens bleiben ein Geheimnis, und die traditionelle Philosophie, Mythologie und Literatur müssen uns noch viel über die Liebe in all ihren Formen lehren.

Eric Gills Illustration zu Chaucers »Troilus und Criseyde« zeigt das Paar in enger Umarmung. Noch gibt es keine Hinweise darauf, daß Criseyde bald untreu wird und Troilus' Hoffnungen zerstört.

Die Anatomie der Liebe

Heißblütig und prächtig in ihrer Nacktheit spielten die Tiere
Auf einer Lichtung geschaffen von ihrem Verlangen.

THOM GUNN, »ADULTERY«

Thom Gunns Bild der Liebenden als verspielte Tiere sagt mehr über die Entstehung der Liebe als alle graue Theorie. Wenn es um unsere tiefsten, am schwersten faßbaren Gefühle geht, so brauchen wir Dichter und Künstler, um ihnen lebendigen Ausdruck und Gestalt zu geben. Was Psychologen und Biologen zu diesem Thema auch immer zu sagen haben, eine umfassende Anatomie der Liebe kommt an der uralten Kraft des Verlangens ebensowenig vorbei wie an dem menschlichen Sinn für Ästhetik. Eben diese Ästhetik, die sich in unserer Einbildungskraft, unseren Idealen und unseren spielerischen Freuden ausdrückt, gründet sich auf Instinkten und verwandelt sie in etwas anderes, Wunderbares.

Die Philosophie hat beim Entschlüsseln der Geheimnisse der Liebe immer schon eine wichtige Rolle gespielt. Besonders kreative und wichtige Theorien finden sich in Platos »Symposion« aus dem 4. Jahrhundert v. Chr. Seine Definition der Liebe als »das Verlangen und das Streben nach dem Ganzen« wurde oft neu interpretiert, jedoch nie verbessert.

Die Liebe entsteht

Wissenschaftliche Theorien über den Ursprung der Liebe setzen weit vor der Zeit gesellschaftlich akzeptierter Romanzen an. Zoologen, die Evolution und Verhalten von Mensch und Tier verglichen haben, sehen enge Parallelen zwischen der Paarbindung bei Primaten und Menschen. Der Grund könnte in der langen Abhängigkeit beider Spezies von ihren Eltern liegen. In dieser Zeit entsteht die Fähigkeit zu engen Beziehungen und zur Liebe.

Die Kräfte der Evolution dürften unbewußt bei der Partnerwahl ebenfalls eine Rolle spielen. Diese Ansicht wurde übrigens schon vertreten, bevor die Biologie ihr Augenmerk auf das »selbstsüchtige Gen« richtete. Der deutsche Philosoph Arthur Schopenhauer meinte bereits im 19. Jahrhundert, daß der »artspezifische Genius« uns dazu anhält, der nächsten Generation zu dienen, und uns vortäuscht, daß wir dadurch glücklich werden. Die Liebe stelle sicher, daß wir uns vermehrten, und sei untrennbar mit Sexualität verbunden, so Schopenhauer. Sie veranlasse uns zwar, nach jemandem zu suchen, der perfekt zu uns passe, bleibe aber im wesentlichen ein sexueller Impuls.

Moderne Untersuchungen über die Liebe als eine komplexe Abfolge chemischer Reaktionen bringen derzeit noch recht dünne Ergebnisse. Adrenalin, dessen Produktion durch Lust ausgelöst wird, unterscheidet sich chemisch nur unbedeutend von jenem, das durch Streß hervorgerufen wird. Liebe und sexuelles Verlangen sind chemisch nicht zu unterscheiden. Und trotzdem spüren wir gravierende Unterschiede zwischen Liebe und Lust.

Wenn Schopenhauer recht hat und die Natur einen rein körperlichen Akt mit einem Gefühl ausstattete, wie wundervoll hat dies der Mensch dann gestaltet! Vielleicht spielte Honoré de Balzac darauf an, als er schrieb: »Die Liebe ist die Poesie der Sinne. Sie ist der Schlüssel zu allem, was für Menschen wichtig ist. Sie ist erhaben oder nichtig. Welch Blasphemie, das Wort »Liebe« für die Fortpflanzung einer Spezies zu verwenden.«

Dieses spanische Gemälde aus dem 12. Jahrhundert zeigt die Geschichte von Adam und Eva. Gott schuf Eva aus einer Rippe Adams. Ihre Liebe ist unschuldig, bis sie von der verbotenen Frucht essen und aus dem Paradies verbannt werden.

Das Aquarell »Te Nave Nave«, das Paul Gauguin auf Tahiti malte, verkörpert eine weitverbreitete männliche Phantasie: die schöne junge Frau, unschuldig, aber dennoch aufreizend.

Die Seelen treffen sich

Schwäne sind in Mythen oft verzauberte Menschen. Neben ihrer Schönheit ist das vielleicht auch darauf zurückzuführen, daß Schwanenpaare ein Leben lang zusammen bleiben, was unter Tieren selten ist.

»Ohne meine Seele kann ich nicht leben«, klagt der verzweifelte Heathcliff nach dem Tod von Catherine Earnshaw in »Die Sturmhöhe«. Hinter Emily Brontës Roman von diesen Zwillingsseelen, die von Trennungsschmerz gequält werden, verbirgt sich die alte Überlieferung sowohl der östlichen wie der westlichen Mystik nach der die Liebe in der Seele beheimatet ist.

Platos »Symposion«, das im 4. Jahrhundert v. Chr. entstand, beschrieb die Liebe erstmals als die Sehnsucht, sich mit einem unbewußten Ideal zu verbinden. Aus dieser Perspektive ist Eros nur ein spirituelles Verlangen. Die Reaktion auf äußerliche Schönheit liegt begründet in dem ästhetischen Bedürfnis der Seele, weniger im körperlichen Sexualtrieb.

Das Konzept der platonischen Liebe beeinflußte die christliche wie die moslemische Gesellschaft für Jahrhunderte. Im Mittelalter diente sie als Erklärung, warum sexuelle Erfüllung das Herz schwer macht und die Seele unbefriedigt läßt. Auch die islamische Liebespoesie wurde von der geistigen Verbindung beherrscht. Diese »höhere« Form der Liebe wurde auch von Dante und Petrarca gefeiert. Letzterer beschrieb seine Muse Laura mit religiöser Andacht: Sie war »die Quelle jener erhebenden Gnade, die uns auf dem rechten Pfad gen Himmel führt«.

Das Bild ewig liebender Zwillingsseelen wurde in der Literatur des 19. Jahrhunderts wieder aufgegriffen und ist seither nie mehr völlig verschwunden. Im Extremfall führt die Erhabenheit der Seele über den Körper dazu, daß die Liebenden eher sterben, als sich ihrem Verlangen hinzugeben. Nach der humanistischen Sichtweise vereinen sich dagegen Körper und Seele in der perfekten Liebe.

In dieser indischen Miniatur aus dem 18. Jahrhundert sehen wir einen Prinzen und seine Liebste, in ihre eigene Welt gehüllt, auf der Flucht vor der Wirklichkeit.

Die Sehnsucht nach Einheit

In fast allen Schöpfungsgeschichten finden wir am Anfang eine einzelne, totale Einheit, etwa einen Gott, ein Weltmeer, ein reines Selbst oder die Kraft des Chaos; in allen Fällen muß sich dieses Wesen teilen, um die Vielfalt des Lebens hervorzubringen. Jahrhundertelang dachte man, daß sexuelles Verlangen und Sehnsucht nach dem anderen durch die Teilung einer ursprünglich bisexuellen oder androgynen Einheit entstanden. Der indische Schöpfergott Brahma etwa zwingt den halb männlichen, halb weiblichen Gott Shiva, seine weibliche Seite Parvati abzugeben. Diese wird zur Göttin, und Shiva verliebt sich in sie.

Wie die meisten Mythen, sind auch jene androgynen Schöpfungsgeschichten voll von biologischen und psychologischen Einblicken. Der Psychologe Carl Jung identifizierte »Anima« und »Animus« als weibliche und männliche Archetypen, die sich in allen Menschen finden lassen. Er meinte, Elemente des anderen Geschlechts seien im Unbewußten eingebettet, wobei er sich auf die bisexuelle Phase des Embryos bezog.

Plato verwendete den Mythos der Androgynie scherzhaft, um in seinem Werk »Symposion« die verschiedenen Arten körperlicher Liebe zu erklären. In Gestalt des Schriftstellers Aristophanes behauptete er, daß es ursprünglich drei Geschlechter mit doppelten Gesichtern, Gliedmaßen und Organen gab. Diese waren entweder männlich-weiblich, männlich-männlich oder weiblich-weiblich; verärgert durch ihr unverschämtes Selbstbewußtsein, teilte sie Zeus in der Mitte. Seither sind sowohl hetero- als auch homosexuelle Männer und Frauen auf der verzweifelten Suche nach ihrer fehlenden Hälfte. Die Liebe sei nichts anderes als die tiefsitzende Sehnsucht nach dem abgetrennten Selbst. Bleibe eine Beziehung unbefriedigend, ist man seiner Zwillingsseele eben noch nicht begegnet.

Platos Geschichte entlarvt ein wesentliches Merkmal der menschlichen Liebe: Zum Teil ist sie nichts weiter als unser Wunsch, unserem Gefühl der Unzulänglichkeit zu

Du bist mein, ich bin dein:
dessen sollst du gewiß sein.
Du bist verschlossen
in meinem Herzen:
verloren ist das Schlüsselein:
du must für immer drinnen sein.

Frau Ava, 12. Jahrhundert

In Marc Chagalls »Quai des Célestins« ist der Körper der Frau deutlicher zu sehen als der des Mannes, der sie wie ein schützender Schatten umgibt. Die Lithographie zeigt unser Grundbedürfnis, uns mit dem geliebten Wesen zu vereinen.

entkommen. Der romantische Dichter Samuel Taylor Coleridge beschrieb es als »das Verlangen des ganzen Wesens, sich mit etwas oder jemandem zur eigenen Vollständigkeit zu vereinigen, und dies auf dem vollkommensten Weg, der in der Natur möglich ist«. Liebe wird manchmal sehnsüchtig, ganz so, als ob wir uns unbewußt an ein früheres Leben erinnern, in dem wir die vollkommene Liebe erfahren haben.

Die erotische Liebe

Die Verbindung zwischen Sexualität und Liebe ist so stark, daß das Wort »erotisch« zu einem Synonym für das Erwachen sexuellen Verlangens wurde. Heutzutage scheint Eros auf körperliche Leidenschaft beschränkt zu sein, auf Messers Schneide zwischen Verlangen und Erfüllung. Denn sexuelle Erfüllung kann, wie Geschichten unglücklicher Liebe zeigen, das Verlangen auch auslöschen. Die erotische Liebe ist daher wahrscheinlich kurz vor dem Ziel am intensivsten.

Der Glaube, daß Eros – als rein körperliches Verlangen – darin besteht, sich nach etwas Unerreichbarem zu sehnen, wird in John Keats berühmter »Ode auf eine griechische Urne« beschrieben: »Noch glücklichere Liebe! Überglück! / Für immer glühend, glühend nach Genuß, / Für immer bebend und für immer jung.«

Auf der Urne wird die glückliche Liebe als Jungfrau dargestellt, die gerade noch außerhalb der Reichweite ihres Liebsten ist. Dieser Augenblick vor der Vereinigung wurde als Bild festgehalten und wird daher vor den Schwankungen der Liebe im Alltag bewahrt.

Die Leidenschaft zwischen dem Gott Krishna und seiner Magd Radha ist Stoff für eine der erotischsten Geschichten der Hinduliteratur. Sie ist das Motiv vieler Miniaturen.

Unten: *»Die Privaten Vergnügungen des Kaisers Jahangir« zeigt ein Liebespaar in einem romantischen Garten. Männlichkeit und Potenz galten bei einem Herrscher als positive Eigenschaften.*

Autoren verschiedenster Kulturen beschäftigten sich mit dem Phänomen, daß das Verlangen ähnlich wie der Hunger mit der körperlichen Befriedigung verschwindet. Plato fügte dem Verlangen eine geistige Dimension hinzu, die das Ziel der Liebe über die Erfüllung hinaus plazierte. Die sexuelle Hingabe war lediglich ein Schritt auf dem Weg und ermöglichte der Liebe, als Zeichen ungestillten Verlangens zu bestehen.

Die Wellen des Verlangens können sowohl emotional als auch körperlich in Erscheinung treten. Die französische Autorin Simone Weil beschrieb die quälenden Schwankungen menschlicher Zuneigung, in der die Liebe schwächer wird, wenn wir am stärksten angebetet werden: »Unser ganzes Verlangen ist widersprüchlich, wie das Verlangen nach Essen. Ich will, daß mich mein Liebster liebt. Ist er mir aber völlig verfallen, existiert er nicht

Gustav Klimts sinnliches Gemälde »Danaë« erzählt die Geschichte der Prinzessin von Argos, die von ihrem Vater in einen Bronzeturm gesperrt wurde, nachdem ihm ein Orakel vorausgesagt hatte, daß ihn einer ihrer Söhne töten werde. Zeus wohnte ihr als Goldregen bei, und sie gebar später einen Sohn, Perseus.

Die Liebenden Ariadne und Dionysos in Begleitung des Gottes Eros zieren diese antike griechische Schale. Die Geschichte von Ariadne, die ausgesetzt und gerettet wird, bevor sie das Glück findet, zeigt die Komplexität und Gefahr erotischer Liebe.

mehr, und ich höre auf, ihn zu lieben. Ist er mir nicht völlig verfallen, liebt er mich nicht genug. Hunger und Sättigung.«

Die erotische Liebe ist ein Wirbel widersprüchlicher Impulse und Gefühle. Sexualität ist natürlich ein wichtiger Teil, kann aber nicht das endgültige Ziel sein. Träfe das zu, würden sich Menschen, die eine erfüllte sexuelle Beziehung haben, immer lieben; dem ist aber nicht so. Reine Lust ist ein weit leichter verständliches Gefühl. Sexuelle Beziehungen ohne Liebe können gut funktionieren. Lucretius, ein römischer Philosoph des 1. Jahrhunderts v. Chr., vertrat sogar die Ansicht, daß die Liebe vom sinnlichen Genuß ablenkt. Die erotische Liebe ist deshalb so bittersüß und vielschichtig, weil sie sich gefährlicherweise auf eine Person konzentriert und unendlich viele Wünsche und Bedürfnisse mit hochexplosiver Sexualität ins Spiel bringt.

Die Psychologie der Liebe

Die Liebe – unser poetischstes Gefühl – ist zugleich auch eines unserer heftigsten Grundbedürfnisse. In so gut wie allen Gesellschaften spinnen sich zahllose Mythen und Märchen um Liebeserfahrungen und Liebesphantasien. Und trotzdem sind uns ihre Ursprünge und Auswirkungen noch immer nicht völlig verständlich. Sie wurde als flüchtige Illusion verhöhnt (»Eine gewaltige Übertreibung des Unterschiedes zwischen zwei Menschen«, spottete George Bernard Shaw) und als blinder, biologischer Zwang gefeiert – Ausdruck einer ausgesprochen mächtigen Lebenskraft.

AUS »DIE EKSTASE«

Die Seele ihr Geheimnis hegt,
Doch offenbarts ihr Buch, der Leib.
Hört einer, der so liebt wie wir
Des Selbst- und Zwiegesprächs ein Stück,
Er sieht nur wenig Wandel hier,
Kehrn wir in unsern Leib zurück.

John Donne (1572–1631)

Die Liebe als biologische Kraft wurde zum Ausgangspunkt der revolutionären Theorien von Sigmund Freud. Seine Psychologie der Liebe basierte auf der Rolle der *Libido*, die uns unbewußt und instinktiv beeinflußt. Sie sei, so Freud, nicht nur der Ursprung der Liebe, sondern steuere uns auch bei jenem scheinbar so unerklärlichen Vorgang, wenn wir uns einen Menschen als Objekt unserer Liebe suchen. Freud war der erste, der eine schlüssige Theorie der Liebe auf wissenschaftlicher Basis entwarf. Er folgerte, daß wir uns deswegen verlieben, weil wir uns unterbewußt nach sinnlicher Zuneigung sehnen, die uns in der Kindheit zuteil oder vorenthalten wurde.

Die biblische Geschichte von der Versuchung Adams und Evas diente lange zur Verdammung weiblichen Verlangens. Weil sich Eva nicht beherrschte, fielen die Menschen in Ungnade; die Schlange wurde oft mit Kopf und Oberkörper einer Frau dargestellt.

Diese These schockierte die damalige Gesellschaft, die nicht akzeptieren konnte, daß die Liebe der Kinder zu ihren Eltern eine sinnliche Komponente haben könne. Freuds Theorien waren und sind umstritten und wurden von seinen Schülern stark überarbeitet. Freud wurde dafür kritisiert, daß er dem Instinkt (dem *Es*) und damit auch dem Sexualtrieb eine überbetonte Rolle zugewiesen habe. Vor dem Hintergrund einer Gesellschaft, die diesen Trieb besonders bei Frauen zu unterdrücken suchte, wird Freuds Sorge um das *Es* jedoch verständlich. Er versuchte die Balance wiederherzustellen indem er

Dieses Detail aus Hieronymus Boschs »Triptychon«, auch bekannt unter dem Titel »Der Garten der Lüste« (um 1505), zeigt eine Welt voll fremdartiger Lust und Vergnügungen.

lehrte, daß Sex bei Männern und Frauen ein Grundinstinkt und wichtiger Teil der erotischen Liebe sei. Er definierte Eros als Sehnsucht nach Vereinigung, als *Libido*, die sexuelle und emotionale Wünsche verbindet.

Die Abhängigkeiten zwischen männlichen und weiblichen Bedürfnissen wurden schon Jahrhunderte vor Freud untersucht. In der chinesischen Philosophie ist das ganze Universum erfüllt von den entgegengesetzten und dennoch komple-

Atalanta schwor, nur einen Mann zu heiraten, der schneller laufen könne als sie. Der schlaue Milanion besiegte sie schließlich, indem er ihr drei goldene Äpfel vor die Füße warf, nach denen sie sich bückte.

mentären Kräften des *Yin* und *Yang*, des typisch Männlichen und des typisch Weiblichen. Das Symbol für *Yin* und *Yang* ist Ausdruck der gegenseitigen Abhängigkeit: Zwei völlig in sich geschlossene Teile vereinen sich zu einem ganzen, harmonischen Kreis.

Viele zeitgenössische Psychologen glauben, daß unsere sexuelle Identität männliche und weibliche Aspekte beinhaltet und daß beide unsere Partnerwahl beeinflussen. Sie bewerten die ersten Lebensjahre auch als sehr wichtig, denn als Erwachsene suchen wir in unseren Beziehungen nach Ersatz für jene Liebe, die uns als Kind zuteil wurde. Das erklärt vielleicht die fast magische Sicherheit, mit der sich Liebende oft auf den ersten Blick zu erkennen scheinen.

Die Psychologen nach Freud konnten auf ein fortgeschritteneres biochemisches Wissen zurückgreifen, aber die These, daß sich das Mysterium der Liebe durch Gene und Hormone erklären läßt, wurde eher widerlegt. Klinische Studien zeigen vielmehr das Gegenteil. Unsere Liebesbeziehungen scheinen vielmehr in überwältigendem Ausmaß kulturell bedingt zu sein.

Biologische Funktionen bilden vielleicht eine Basis für erotisches Verlangen, aber der Einfluß sozialer Erwartungen und kultureller Werte ist enorm, die Sexualität wird dadurch stark beeinflußt. Viele Psychologen glauben, daß wir schon als Kinder neurophysiologische Programmierungen entwerfen. Menschen, die als Kinder die Überzeugung gewannen, daß sie Mädchen sind und keine Jungen (und umgekehrt), können oft ihre Programmierung nicht mehr ändern, obwohl ihr Körper das Gegenteil beweist. Oft lassen sie später ihr körperliches Ge-

Emma Turpins mächtige Vision einer Mutter und ihrer Kinder zeigt auch die widersprüchlichen Impulse im Inneren einer Frau. Das temperamentvolle Mädchen, das sich losreißen will, wird von der pragmatischen Schwester ausgeglichen. Liebesaffären dienen oft dazu, die Spannungen im Leben der Frauen zu bündeln.

schlecht ändern, um es ihrer seelischen sexuellen Identität anzupassen.

Das Verlieben beinhaltet oft eine widersprüchliche Mischung aus sexuellem Verlangen, Gefühlen und Werten. Die Gegensätze der Liebe werden schnell augenscheinlich: Die Sehnsucht nach Nähe kämpft gegen das Bedürfnis, unsere Identität zu festigen, das erotische Verlangen selbst ist nebensächlich. Der Wunsch, Macht in einer Beziehung zu verspüren und trotzdem genug Vertrauen zu haben, um sich dem anderen auszuliefern, ändert sich ständig und zeigt sich im scheinbar widersprüchlichen Verhalten eines Paares. Der Erfolg unserer Liebesbeziehungen liegt in unserer Fähigkeit, diese verschiedenen psychischen und sexuellen Bedürfnisse auszubalancieren.

Wir müssen unsere Liebeswahl idealisieren, nicht nur in sexueller, sondern auch in kultureller, ästhetischer und moralischer Hinsicht. Im Idealfall erzeugt die Liebe eine imaginäre Übereinstimmung zwischen den Liebenden, die über das jeweilige Ego hinausgeht. Für die meisten Menschen ist die Liebe trotz oder vielleicht gerade wegen ihrer Widersprüche und Probleme ein Gefühl, das sie über alles schätzen.

Diese Illustration stammt aus Christine de Pisans Handbuch über den gesellschaftlichen Umgang für Frauen – aus dem 15. Jahrhundert.

Da wir durch den Krieg uns trennen müssen,
Liebster, und lernen zu verlieren
Den täglichen Umgang
Mit allem, was unsere Herzen zufrieden gemacht hat,
Sammle nun all die Geheimnisse und Kräfte,
Mit denen du mich erfreut und umworben hast in diesen zwei Jahren:

Nun müssen wir zehren, wie es Pflanzen tun,
Gepflegt im Wintergarten einer sonnigen Zeit,
Von Honig und vom Himmel;
Nur unsere Liebe kann von dieser Speise leben.
Macht das aus Abwesenheit einen Gott?
Ein neugeborenes Monstrum, das unsere Nahrung stiehlt?

Wir können Verlust und Schmerz nicht vermeiden.
Laß es nur kommen – was es verschlingt
Können wir gut entbehren:
Nie erreicht es unsre Lebensader.
Ich habe keine Worte, dir zu sagen, was du warst,
Aber wenn du traurig bist, denk dir, mehr konnte uns der Himmel nicht geben.

Anne Ridler, »Bei der Trennung«

Um mich herum ist eine starke Mauer:
Sie ist aus deinen Worten an mich gebaut.

Um mich herum sind Schwerter, die mich schützen:
Es sind die Küsse deiner Lippen.

Vor mir ist ein Schild, um mich vor Schaden zu bewahren:
Es ist der Schatten deiner Arme zwischen mir und der Gefahr.

Alle Wünsche meines Verstandes kennen deinen Namen,
Und die weiße Sehnsucht meines Herzens
Ist mit dir vertraut.
Der Schrei meines Körpers nach Vollkommenheit,
Das ist der Schrei nach dir.
Mein Blut hämmert deinen Namen, unaufhörlich, unbarmherzig
Deinen Namen, deinen Namen.

Mary Carolyn Davies, »Liebeslied«

Die Liebe und die Schönheit

Diese indischen Miniatur zeigt Krishna vor der Liebeskammer, den flammenden Pfeil des Verlangens auf seine geliebte Radha richtend.

Menschliche Schönheit, die uns mit der Geschwindigkeit und Kraft eines Pfeiles zu treffen vermag, bezwingt auch die Widerstandsfähigsten unter uns. Viele Kulturen feiern seit Jahrhunderten die Verbindung zwischen Liebe und Schönheit. Die islamische Liebespoesie widmete sich fast ausschließlich der Verherrlichung idealer Schönheit; Hindutempel wurden mit Figuren geschmückt, die die Liebe symbolisierten. Und Aphrodite war bei den Griechen sowohl die Göttin der Schönheit als auch der Liebe.

Rationalisten schätzen die Schönheit als Motiv für die Liebe wenig. Voltaire verspottete sie in seinem Stück »Candide – oder Der Optimismus«: Die leidenschaftliche Liebe des Helden für die schöne Kunigunde wird so lange durchkreuzt, daß sie häßlich und mürrisch geworden ist, als er sie schließlich heiratet.

Das augenscheinlich vernünftige Argument, daß andere Eigenschaften langlebiger sind, beeindruckt Verliebte wenig. Wir hungern nach Schönheit. Das Wissen um ihre Kurzlebigkeit macht sie nur noch begehrenswerter. Liebende wissen oft, daß der schöne Mensch, den sie begehren, Makel hat; dennoch sind wir ihm verfallen,

Die drei Grazien auf diesem Gemälde von Raffael (unten) stellen die Zofen der griechischen Liebesgöttin Aphrodite dar. Wie ihre Herrin personifizieren sie Schönheit, Liebreiz und Anmut.

Auch männliche Schönheit kann zu einem mächtigen Auslöser romantischer Liebe werden. Hyppolyte Flandrins »Jüngling am Meeresufer« (um 1830) zeigt einen nachdenklichen jungen Mann, der sich seiner Reize anscheinend nicht bewußt ist.

wie W. H. Auden gestand: »Bis daß der Tag erwacht / Bleib still in meinen Armen ruhen / Du Sterbliche, Schuldige, aber für mich / Du ewig Wunderschöne.«

Schönheit ist ein gefährliches Gut, sowohl für den schönen Menschen als auch für die, die ihn lieben. Schöne Menschen fühlen sich oft nur ihrer Schönheit wegen geliebt, und sie fürchten, verlassen zu werden, sobald diese vergeht. Manchmal verlockt sie auch zu Selbstsucht und Egoismus – wohlgemerkt aber nur manchmal. Was schön ist, empfindet jeder anders; Ausstrahlung und Charakter des Menschen spielen dabei eine ebenso große Rolle wie Mode und Geschmack. Unsere Fähigkeit, den Geliebten zu idealisieren, läßt uns seine Schwächen bemerkenswerterweise trotzdem erkennen. Makellose Schönheit erscheint oft wie eine undurchdringliche Maske; nicht selten sind es die kleinen Fehler, die sich in unsere Herzen schleichen. Sobald wir uns in eine reale Person verlieben, verlieren Schönheitsideale ihre Bedeutung. Die Schönheit kann die Liebe wecken, aber nicht halten.

Die Liebe und die Tugend

Porträts aus dem 16. Jahrhundert wie von diesem Ehepaar spiegeln die damalige Überzeugung, eine gute und ehrenvolle Ehe sei fruchtbringend und bereichernd. Diese Eigenschaften werden von der Goldkette der Frau und den Zitronen im Hintergrund symbolisiert.

Die Idee, einen anderen wegen seiner bewundernswerten moralischen Eigenschaften zu lieben, assoziieren wir mit der Ernsthaftigkeit des 19. Jahrhunderts. Mittlerweile erinnert uns aber auch die moderne Psychologie an die Bedeutung gemeinsamer Ideale und das Bedürfnis, sich für den Partner weiterzuentwickeln.

Erotische Liebe und moralische Tugend wurden nicht immer als natürliche Bettgenossen betrachtet. Im Islam und in vielen heidnischen Traditionen galt die weltliche Liebe als ein edles Gefühl, das künstlerische Kreativität, Mut und Hingabe hervorbringt. Diese Überzeugung nährte auch die höfische Liebe des Mittelalters. Das frühe Christentum betrachtete dagegen nur die Liebe Gottes als reine Liebe, und im 12. Jahrhundert wurde das Hohelied, das einzige Bibelgedicht, das die Macht und den Reiz der erotischen Liebe beschreibt, sogar als eine Allegorie auf die Jungfrau Maria interpretiert.

Diese Chantilly-Emailschatulle aus dem 18. Jahrhundert zeigt ein ruhig im Bett liegendes Paar. Der Ehebund galt als Quelle bürgerlicher Tugend sowie persönlichen Glücks und Wohlbefindens.

Der Reformator Martin Luther erkannte die Kraft der sexuellen Begierde und verwarf die Ansicht, daß die Ehe moralisch weniger wert sei als die Keuschheit. Jahrhundertelang vertraten Protestanten und Katholiken die Meinung, daß körperliche Leidenschaft strikt innerhalb der Schranken ehelicher Pflichterfüllung zu bleiben habe; zügellose Erotik galt als eine moralisch zerstörerische Schwäche.

Die Kluft zwischen Liebe und Tugend wurde im 19. Jahrhundert zusehends enger. Liebesehen wurden weitgehend – wenn auch nicht überall – akzeptiert, und Dichter wie der Atheist Shelley beschrieben die Liebe als Schulung der moralischen Feinfühligkeit. Der Philosoph John Stuart Mill glaubte, daß für eine ideale Ehe auch eine ethische Erziehung als gleichberechtigte Partner nötig sei: »Jeder sollte den Luxus genießen, zum anderen hinaufzublicken ..., und sich dem Vergnügen hingeben, zu führen und geführt zu werden.« Gegen Ende des Jahrhunderts galt die eheliche Liebe als göttliche Tugend. Es war sicherlich schwierig, diesen hohen Ansprüchen gerecht zu

Immer schon haben Liebende Schmuck geschenkt und getragen, um ihre Treue und Zuneigung auszudrücken. Diese Kamee eines königlichen Paares stammt aus dem 3. Jahrhundert v. Chr.

werden, doch auch wenig religiösen Menschen galt die Ehe als bindendes Versprechen.

Heute ist die körperliche Erfüllung nicht mehr mit der Ehe verknüpft, was wohl mit zu den größten Veränderungen im 20. Jahrhundert gehört. Sie wurde vielmehr zu einem Aspekt im gemeinsamen Erleben, mit dem zwei Menschen dem Alltag entfliehen. Ob heutzutage eine Beziehung besteht oder zerbricht, liegt weniger an Normen und Gesetzen, sondern an gegenseitiger Liebe und Respekt. Damit hängt sie vielleicht stärker denn je von der Tugend der Partner ab.

Die modernen Verhaltensweisen haben auch die Art verändert, in der wir alltägliche Szenen wahrnehmen. Früher hätte die temperamentvolle, begehrenswerte Frau auf diesem Gemälde von Emma Turpin vielleicht als Verführerin gegolten; heute verkörpert sie eine wohlwollende, schützende Kraft.

DIE SÜSSESTE HÄRESIE

Die süßeste Häresie,
Die Mann und Frau kennen,
Sich gegenseitig zu bekehren –
Ein Glaube, der nur zwein gefällt.

Die Kirchen sind so zahlreich,
Das Ritual so klein,
Die Gnade so unentbehrlich,
Scheitern ist Untreue.

Emily Dickinson (1830–1886)

Die Liebe und die Freundschaft

Pellizza Da Volpedes Gemälde »Liebende beim Spaziergang« erfaßt die intimen Momente der Freundschaft.

Die altbekannte Beteuerung, jemand sei »nur ein guter Freund« und kein Liebhaber, scheint auf einen großen Unterschied hinzuweisen. Viele werden aber mit der Zeit feststellen, daß es nicht nur möglich ist, diese fließende und ambivalente Grenze zu überschreiten, sondern daß es auch Freude macht. Die »Ehe zwischen wahren Seelen«, die Shakespeare in einem seiner großartigen Liebessonette feiert, liegt unseren engsten Freundschaften zugrunde und galt oft als eine der edelsten Grundlagen der Liebe.

Die delikate Balance zwischen einer freundschaftlichen Bindung und dem Eingeständnis der Liebe war jahrhundertelang von großem Interesse. Sigmund Freud meinte, daß bei einer engen Freundschaft immer latente sexuelle Impulse vorhanden seien. Er bezeichnete sie als einen Zustand »gleichmäßig aufgeschobener, standhafter Zuneigung, die äußerlich nur mehr wenig mit den stürmischen Wellen sexueller Liebe zu tun hat, von der sie aber dennoch abstammt.«

Andere Kulturen huldigen bis heute der Freundschaft als die reinste, selbstloseste Art der Liebe. Im 19. Jahrhundert gingen viele Schriftsteller Beziehungen ein, die Liebesbeziehungen in ihrer Intensität um nichts nachstanden, jedoch der Kunst geweiht waren. Es wäre aber zu einfach, die kreative Intimität zwischen Flaubert und Turgenjew, Wordsworth und Coleridge oder Byron und Shelley auf sexuelle Anziehung zurückzuführen. Maupassant schrieb über Flaubert und Turgenjew, die sich über viele Jahre hinweg schrieben und ihre Treffen ungeduldig erwarteten: »Diese Männer lieben sich wie zwei in Freundschaft verbundene Brüder«.

Freundschaften zwischen zwei Männern, zwei Frauen oder einem Mann und einer Frau können auch ohne Sexualität emotionale Bindung hervorrufen, die an die intensivste erotische Liebe heranreicht – aber oft langlebiger ist. Byron, der

erotische Liebe als »eine Art feindselige Transaktion« beschrieb, glaubte, daß eine erotische Beziehung eine gute Freundschaft zwischen Mann und Frau zerstöre. Doch zeigen uns glückliche körperliche Beziehungen, daß Freundschaft und Sinnlichkeit durchaus vereinbar sind. Eine wahre Freundschaft, so die Romantiker des 19. Jahrhunderts, ist eine tiefe geistige und emotionale Nähe, ein Band aus gegenseitiger Sympathie, ohne das weder Liebe noch Freundschaft bestehen kann.

»Frühstück im Freien«, ein Gemälde von Szinyei Merse Pál aus dem 19. Jahrhundert, zeigt harmloses Flirten zwischen befreundeten Männern und Frauen.

Phantasie und Wirklichkeit

In unserem Jahrhundert begann die Werbung die Art, wie wir uns und andere betrachten, immer stärker zu beeinflussen. Frans Masereels Holzschnitt eines Mannes, der Schaufensterpuppen betrachtet, zeigt, wie sich Menschen in ein künstliches Ideal verlieben können.

»Die Liebe ist das Kind der Täuschung und die Mutter der Illusion«, schrieb der spanische Gelehrte Miguel de Unamuno in »Das tragische Lebensgefühl« (1913). Diesen äußerst qualvollen Zweifel verspürt wahrscheinlich jeder, dessen Liebe abrupt endet – entweder, weil sein eigenes Gefühl plötzlich starb, oder weil er unerwartet betrogen wurde.

Das Wesen der erotischen Liebe ist manchmal recht unstet, was Zyniker darin bestärkt, sie gänzlich ins Reich der Phantasie abzuschieben. Schwärmerei, die sich auf rein körperliche Anziehungskraft gründet, verschwindet in der Tat oft besonders schnell. Wenn das physische Verlangen stirbt oder wenn andere Werte in die Beziehung hineinspielen, können Kälte und Abneigung mit beunruhigender Plötzlichkeit entstehen.

Im Hinduismus ist »die ewige Liebe« auch tatsächlich ein Aspekt von *Maya,* der Illusion. Die Welt und alles in ihr wurde von *Maya,* der kreativen Kraft, geschaffen. Somit bekommt auch die menschliche Liebe, die in mancherlei Hinsicht unsere tiefste und illusionärste Bindung an das Reich der Sinne darstellt, den Beigeschmack von Kurzlebigkeit. Die Liebe ist genauso »real« wie jede andere menschliche Vorstellung. Um mit Shakespeare »Ein Sommernachtstraum« zu sprechen: »Wahnwitzige, Verliebte und Poeten bestehen aus Einbildung.« Das läßt jedoch keinen Zweifel daran, daß es Wahnwitz, Liebe und Poesie tatsächlich gibt. Liebe ist nicht nur ein Gefühl, sondern auch eine menschliche Eigenschaft, die man genauso verleugnen kann wie Ehrlichkeit oder Mut. Die Folgen sind

Die Geschichte von Amor und Psyche (siehe S. 54) zeigt, daß alle Faszination eines Traumpartners nicht reicht. Soll die Liebe bestehen, muß sie auch der Realität des Tageslichtes standhalten.

vielleicht kurzlebig und unberechenbar, aber sie sind auch dramatisch, sichtbar und wirklich.

Stendhal vergleicht das Verlieben mit dem Prozeß der Kristallisation: »In den Minen von Salzburg werfen die Besucher nackte Zweige in die Tiefe der Höhle; wenn diese zwei oder drei Monate später wieder entfernt werden, sind sie von glitzernden Kristallen überzogen.«

Trotz der Zerbrechlichkeit von Kristallen und der Rolle der Phantasie, um sie entstehen zu lassen, hält Stendhal die Liebe für absolut real: »Die Seele hat ihr Ideal geschmiedet, und wann immer sie es in fleischlicher Form trifft, beginnt die Kristallisation.«

Der Spiegel ist ein traditionelles Symbol für Liebe und Schönheit. Robert Anning Bells fröhliches Bild »Amors Spiegel« zeigt, wie sich unsere Wahrnehmung fast magisch verändert, wenn wir uns verlieben.

Oft sind wir von einer selbstgeschaffenen Vision besessen, wenn wir uns verlieben. In Flauberts Roman beruht die Faszination Emma Bovarys für den Frauenhelden Rodolphe auf Phantasie: »ein Phantom, das aus ihren leidenschaftlichsten Erinnerungen, liebsten Büchern und tiefsten Wünschen zusammengesetzt ist«. Die auf Illusion gegründete Liebe vergeht jedoch rasch im kalten Licht des Alltags. Auch in der Wirklichkeit zerfallen Liebesphantasien oft schnell, sobald sie nüchtern betrachtet werden.

Vielleicht steht die Illusion am Anfang einer Liebe. Trotzdem wollen wohl nur wenige auf diese frühe Euphorie verzichten. Liebe ist aber mehr als Verliebtsein. Sie ist nicht nur die Kristallisation, die Stendhal beschreibt, sondern bedeutet auch, Phantasien abzubauen und den Menschen dahinter mit all seinen Fehlern zu respektieren und zu lieben. Diese Art der nüchternen, ehrlichen Liebe ist für viele Menschen die realste und langlebigste Erfahrung im Leben.

Die Liebe und die Einsamkeit

»Auf den Fliesen«, ein Holzschnitt von Eric Gill, zeigt unser Bedürfnis, uns zusammenzukauern wenn wir einsam sind.

Unser Bedürfnis, der Einsamkeit zu entkommen, ist in vielen Sagen eng mit der Liebe verbunden. Gemäß der Genesis wurde Eva erschaffen, um Adams Vereinsamung zu beenden, die an seiner Seele zehrte: »Es ist nicht gut, daß der Mensch allein bleibt«. Die Geschichte der Vertreibung aus dem Paradies symbolisiert das Gefühl unserer Isolation von der natürlichen Welt, das Bewußtsein, daß Mann und Frau getrennt und daß wir im Angesicht des Todes allein sind. Je reifer die Menschen werden und je stärker sich ihre Persönlichkeit entwickelt, desto intensiver empfinden sie die Einsamkeit. Liebesbeziehungen werden oft nur deshalb eingegangen, weil man der Einsamkeit entfliehen will. Dabei tritt die schmerzlichste Isolation oft in den letzten Phasen einer sterbenden Beziehung auf. Ein Teil der besonderen Intensität einer jungen Liebe geht auf das Wunder der sinnlichen Intimität zurück, die so überwältigend sein kann, daß schon Stunden der Trennung vom geliebten Menschen fast unerträglich sind. Es ist so, als ob ein Teil unseres Selbst von uns weggezogen wird. In einer festen Beziehung ist eine Trennung nicht das gleiche wie Einsamkeit, da wir die Gegenwart des anderen weiterhin auf fast körperliche Art spüren. Wenn das geliebte Wesen für immer verloren ist, schmettert uns die folgende Einsamkeit nieder.

Bewußt oder unbewußt spielt das menschliche Bedürfnis, der Einsamkeit zu entkommen, bei der Liebe immer eine Rolle. Das bedeutet aber nicht, daß dieses Bedürfnis durch die Liebe verschwindet. Die, die am intensivsten lieben, sind oft am einsamsten und leiden am meisten unter Trennungen, Mißverständnissen, Lügen und dem endgültigen Aus. Das ist ein weiterer bittersüßer Widerspruch: Oft scheint es uns, als ob wir ohne den geliebten Menschen nicht existieren könnten. Doch wer eine erfolgreiche, lebenslange Beziehung möchte, muß lernen, allein zu überleben.

Die Angst vor Einsamkeit hemmt unser seelisches Wachstum. Sobald wir die Kraft haben, alleine zu leben, können wir unsere Beziehungen bewußter auswählen. Dieses Gemälde von Emma Turpin zeigt eine Frau, die alleine in einer ansonsten kahlen Landschaft Früchte und Blumen sammelt.

Heut nacht kann ich die trübsten, traurigsten Verse schreiben.

Schreiben etwa: »Mit Sternen übersät ist das Dunkel,
und blaugefroren zittern weit entfernte Gestirne.«

Der Wind der Nacht zieht seine Kreise am Himmel singend.

Heut nacht kann ich die trübsten, traurigsten Verse schreiben.
Ich liebte sie, und manchmal hatte auch sie mich gerne.

In Nächten, so wie diese, hielt ich sie in den Armen.
Küßte sie viele Male unterm endlosen Himmel.

Sie liebte mich, und manchmal hatte auch ich sie gerne.
Wie denn nicht lieben ihre großen, sicheren Augen.

Heut nacht kann ich die trübsten, traurigsten Verse schreiben.
Denken, daß sie mir fern ist. Fühlen, daß sie verloren.

Hören die öde Nachtluft, öder noch, seit sie fort ist.
Der Vers fällt auf die Seele wie der Tau auf das Gras.

Was macht's, daß meine Liebe sie nicht bewahren konnte.
Sternbesät ist das Dunkel, und sie ist nicht mehr bei mir.

Das ist alles. Sehr ferne singt irgendwer, sehr ferne.
Mein Herz kann es nicht fassen, daß ich sie nicht mehr habe.

Pablo Neruda (1904–1973), »Die trübsten Verse«

59
P

Mit seinem ersten Kuß berührt er nur
Die Finger dieser Hand mit der ich schreibe;
Seitdem ward immer weißer sie und reiner,
Langsam die Welt zu grüßen, aber rasch
Mit ihrem »Lausche!«, wenn die Engel sprechen.
Kein Amethystring könnt mir auf der Hand
Sichtbarer sein als dieser erste Kuß.

Der zweite überflog ihn hoch und suchte
Die Stirn und, halb des Zieles fehlend, sank
Er halb aufs Haar. O Gnade du! Das war
Der Liebe Salböl, das so süß geweiht
Die Stätte für die Liebeskrone selbst.

Der dritte sank in voller Purpurpracht
Auf meine Lippen nieder; seitdem ward
Ich stolz und sprach: Mein Liebster, du mein Eigen!

Elizabeth Barrett Browning (1806–1861), »Portugiesisches Sonett XXXVIII«

Das weite Herz

Zweifacher Narr, ich weiß,
Ich bin's: Ich liebe und beschrei's
In Jammerpoesien:
Doch wär der Klügste gerne, der ich bin,
Gäb sie sich endlich hin.

JOHN DONNE (1573–1631) »DER ZWEIFACHE NARR«

Schriftsteller mögen über den Ursprung der Liebe streiten, die emotionale Reichweite ihrer Gefühlsebenen bezweifelt niemand. Verliebtsein kann höchstes Glück erzeugen, aber sie erfüllt, wie James Stephens in seinem Prosa-Gedicht »Deirdre« sagt, manchmal auch »das Blut mit Brennen, die Glieder mit Schmerzen und die Seele mit Gier und Verzweiflung. Sie ist der Durst in der Nacht, der Hunger am Tag. Sie ist ein Stachel der Erinnerung im Herzen, ein ständiges Bluten.«

Die Liebe kann unzählige Gestalten annehmen und verschiedene Phasen durchlaufen, von der Gelassenheit einer beständigen Beziehung bis zur überwältigenden Schönheit junger Liebe, wenn uns die Welt der Sinne überflutet und alles verändert. Die Suche nach der ewigen Liebe führt immer ins Ungewisse: Verlangen kann unerwidert bleiben, mißbraucht werden oder nach und nach verschwinden; mit ihren stürmischen Auswirkungen enthüllt die Liebe die erstaunliche Weite des menschlichen Herzens.

Die Symptome der Liebe

Diese persische Zeichnung zeigt zwei Liebende, die völlig ineinander aufgehen.

Die Symptome der Liebeskrankheit sind so ausgeprägt, daß diese im mittelalterlichen Europa als körperliches oder seelisches Leiden galt, das vor allem Menschen edler Geburt befiel. Als klassische Symptome eines sehnsüchtig Liebenden galten Schlafstörungen, Alpträume, Halluzinationen, Fahlheit, Konzentrationsmangel und Appetitlosigkeit. Auf »himmelhoch jauchzend« folgte »zu Tode betrübt« und das hoffnungslose Gefühl, daß das geliebte Wesen von unerreichbarer Schönheit und Tugend ist. Hinzu gesellten sich körperliche Empfindungen, wie Atemlosigkeit und rasendes Herzklopfen. Eine leidende Mine und schmerzliche Seufzer wurden zum festen Bestandteil mittelalterlichen Werbens. Jeder Freier, der etwas auf sich hielt, stellte sein Leiden zur Schau, obwohl es sicherlich auch viele rücksichtslose Frauenhelden gab, die dies nur vortäuschten.

Liebende denken natürlich, daß ihre Krankheit nur durch die Gegenwart der geliebten Person gelindert werden kann. Im Laufe der Geschichte wurden aber auch andere Heilmittel vorgeschlagen, nützliche wie absurde. Im Konstantinischen »Viaticum« aus dem 11. Jahrhundert wird behauptet, daß Eros eine Hirnkrankheit bei Männern darstelle, und geraten, sie durch Besuche bei Prostituierten zu lindern. Priester, die das geistige Gleichgewicht eines Liebenden wiederherstellen sollten, verschrieben weniger radikale Kuren, wie Reisen, Sport, Spiele, besseres Essen, viel Wein und regelmäßiges Baden und Schlafen. Im 17. Jahrhundert führte man die Krankheit auf Magnetismus, Mikroben und den Einfluß der Sterne zurück, und noch 1904 verglich Dr. Charles Féré die Auswirkungen der Liebe auf den ersten Blick mit einem elektrischen Schock oder Krampf, ähnlich dem, den Wünschelrutengänger empfinden.

Die moderne Biochemie weist eine Verbindung zwischen hohen Neurotransmitterwerten und den Stimmungsschwankungen eines liebeskranken Romantikers nach. Adrenalinstöße können zu ähnlichen Symptomen

DAS HOHELIED SALOMOS 2,3–5

Ein Apfelbaum unter den wilden Bäumen,
so ist mein Freund unter den Jünglingen.
Unter seinem Schatten zu sitzen, begehre ich,
und seine Frucht ist meinem Gaumen süß.
Er führt mich in den Weinkeller,
und die Liebe ist sein Zeichen über mir.
Er erquickt mich mit Traubenkuchen
und labt mich mit Äpfeln;
denn ich bin krank vor Liebe.

körperlicher Erregung führen: Herzklopfen, zitternde Knie und Hände, Erröten und Schwitzen. Das zeigt, daß es sich bei Gefühlen weniger um unterschiedliche Formen seelischer Anspannung, als vielmehr um unterschiedliche Interpretationen des gleichen Zustandes handelt. Selbsttäuschung spielt dabei ebenfalls eine wichtige Rolle: Wir können unsere Gefühle für jemand anderen abstreiten oder rasch als reine Schwärmerei verwerfen. Der Liebesimpuls ist auch eng mit sexuellem Verlangen verbunden; erst wenn wir dieses Knäuel entwirrt haben, können wir feststellen, ob wir wirklich verliebt sind.

Im Gemälde »La Rêve« (»Der Traum«) von Matisse liegt eine Frau nackt auf dem Bett und sehnt sich nach ihrem abwesenden Liebsten.

Selbst wenn wir die Symptome der Liebe klar erkennen, reagieren wir zunächst unberechenbar. In Gegenwart eines Menschen, zu dem wir uns plötzlich hingezogen fühlen, können wir auf einmal still, ungeschickt und übermäßig schüchtern werden. Erfahrenere Liebhaber beeindrucken in solchen Situationen mit Witz und Charme.

Erste Liebe

Dieses Renaissancegemälde, das G. B. Bertucci zugeschrieben wird, zeigt Daphnis und Chloë, ineinander verliebt.

Trotz der mächtigen und komplexen Gefühle, die sie hervorruft, hat die Liebe auch eine kindliche Seite. Nach der ersten sexuellen Annäherung trauern wir um unsere verlorene Unschuld, sehnen uns nach einer Liebe, die weiterhin so rein und zart ist wie die Luft.

Viele Eltern würden ihre heranwachsenden Kinder am liebsten auf ewig in den Sphären der vergeistigten Liebe wissen. Der römische Dichter Apuleius hielt im 2. Jahrhundert n. Chr. dieses Sehnen in der Sage von Amor und Psyche fest: Die eifersüchtige Göttin Venus schickt der wunderschönen Psyche jede Nacht einen sanften, süß duftenden Bräutigam. Obwohl sie seine Identität nicht kennen darf, läßt sich Psyche von ihren bösen Schwestern verleiten, diese auszuspionieren. Ihre Lampe enthüllt die edle Gestalt des geflügelten Gottes Amor. Sie spielt mit seinen Pfeilen und verletzt sich an einem. Er erwacht und flieht. Die Geschichte geht aber dennoch gut aus: Nachdem sie verschiedene gefährliche Prüfungen bestanden hat, wird Psyche von Amor gerettet und darf, obwohl sie sterblich ist, ihren Liebsten heiraten.

Amor und Psyche scheinen für ein fast geschlechtsloses Paar zu stehen, eine romantische Vision junger Liebender, die sich in ihrer Sinnlichkeit fast wie Spiegelbilder gleichen. In der berühmten Skulptur Canovas ist der Körper Amors fast so weiblich dargestellt wie der von Psyche.

Der amerikanische Gelehrte Jean Hagstrum vertritt die Meinung, daß zarte Liebe die verbreitete moderne Ansicht vorwegnimmt, daß »eine Feminisierung des Lebens einer Zivilisierung gleichkommt«. Die Geschichte von Amor und Psyche mag vielleicht junge Liebende versinnbildlichen, die feststellen, daß sie nicht so furchterregend verschieden voneinander sind.

In »Freundschaft«, einem Gemälde von Bernard Fleetwood Walker, bringt die aufkeimende Sexualität ein neues Element in die Beziehung von zwei Jugendlichen.

Zaudernde Liebe

Diese elisabethanische Miniatur von Nicholas Hilliard zeigt einen gequälten Jüngling in einem Rosengarten.

Wer liebt, sehnt sich danach, mit dem anderen zu verschmelzen. Und zugleich hat er Angst, seine Identität und seine Freiheit zu verlieren. Wer diesen Konflikt nicht sieht, interpretiert das normale Gefühl des Zauderns leicht als mangelnde Liebe. Oft ist aber genau das Gegenteil der Fall: Wir zögern, weil langsam eine Schwärmerei der echten Liebe weicht.

Dieser Übergang ist für narzißtische Menschen schwierig. Sie neigen dazu, ihre Selbstliebe auf ein künstlich geschaffenes Ideal zu übertragen, bei dem sie keine Mängel und Schwächen akzeptieren. Oft sind es die hohen Ansprüche, die wir an den Partner unserer Wahl stellen, die einer haltbaren Beziehung im Weg stehen. Starke und stolze Menschen können sich darüber hinaus auch nur schwer mit der Verwundbarkeit abfinden, die eine intime Beziehung mit sich bringt. Sie glauben Schwäche zu zeigen, wenn sie zugeben, einen anderen Menschen zu brauchen.

Unser eigenes Zaudern zu verstehen, kann schwierig sein, aber zu erkennen, daß das geliebte Wesen auch Zweifel hat, ist verheerend. In Emma Turpins Gemälde nähert sich ein schüchterner Mann seiner scheinbar desinteressierten Liebsten. Eine Figur, die an Amor erinnert, beobachtet die Szene aus der Ferne.

Gleichgültigkeit, Zaudern, Widerstreben oder gar Feindseligkeit sind aber auch ein Teil des ewigen Liebesspiels. Einst erwartete man von einer Frau, daß sie die Avancen des Mannes zurückweist; erst dies machte sie wirklich begehrenswert. Dieses Zurückweisen wurde häufig zu einem Ritual ausgebaut: In Andalusien mußte ein Werber dreimal abgelehnt werden, bevor die Zusage korrekt war.

Zweifel sind aber mehr als reine Berechnung. Die meisten von uns kennen dieses Schwanken zwischen Verlangen und Ablehnung – wenn nicht sogar zwischen Liebe und Haß. Der irische Dichter Thomas Moore beschreibt die Faszination dieser mächtigen Gefühlsschwankungen: »Als ich dich liebte, ich muß es gesteh'n, / war die Zeit wie ein Kleinod für mich. / Aber nun, da voll Zorn wir einander seh'n, / ist noch stärker die Liebe für dich.« Haß kann in der Tat ein tiefsitzender psychologischer Abwehrmechanismus vor einem endgültigen Liebesversprechen sein.

Ideale Beziehungen, in denen sich die Partner nie streiten und einander in jeder Hinsicht für perfekt halten, sind selten. Für viele ist es ein Schlüsselerlebnis, wenn sie körperliche oder charakterliche Mängel an ihrem Partner entdecken oder wenn Meinungsverschiedenheiten und andere Ärgernisse des Alltags in die Beziehung eindringen. Wenn wir diese erste ernsthafte Trübung überstehen und die Schwächen des anderen berührend finden, tritt die Beziehung wahrscheinlich in eine stabilere Phase ein.

Die heutigen sexuellen Freiheiten bewirken, daß dieses Schlüsselerlebnis zu einem früheren Zeitpunkt eintritt als in der Vergangenheit, wo das Werben noch länger und künstlicher war. Wir lernen uns früher kennen und können ehrlich sein, da wir auf gesellschaftliche Konventionen weniger Rücksicht nehmen müssen. Die Bedeutung der Worte »Ich liebe dich« ist aber immer noch so stark wie früher; wenn sie uns nur schwer über die Lippen kommen, bedeutet das nicht unbedingt, daß unsere Liebe nur halbherzig ist.

In Nelly Erichsens »Der Obstgarten« versucht ein Verliebter in einer äußerst symbolträchtigen Umgebung die Zweifel seiner zaudernden Liebsten auszuräumen.

DIE UNBEHOLFENE

Du erleuchtest mein Herz
Wie der Schein ungezählter Kerzen.
Aber will ich meine Hände an dir wärmen,
Ersticke ich voll Ungeschick das Licht,
Und ich stolpere
Über Tische und Stühle.

Amy Lowell (1874–1925)

Sehnsucht und Geborgenheit

»Meine Liebe ist selbstsüchtig. Ich kann ohne Sie nicht atmen«, schrieb Keats an Fanny Brawne. Seine Briefe zeigen die Qualen eines Mannes, der mit gleicher Leidenschaft und ungeteilter Aufmerksamkeit geliebt werden will, jedoch glaubt, daß seine große Liebe nicht gebührend erwidert wird.

In Jan van Eycks »Bildnis eines flämischen Kaufmannes und seiner Frau« finden sich wichtige Symbole des Ehestandes. Der Hund steht für die Treue, die Kerze verkörpert das Auge Gottes.

Sehnsucht scheint Teil jeder menschlichen Liebe zu sein, auch wenn manche sich dies nicht gerne eingestehen. Plato beruft sich auf Sokrates, um Eros' Göttlichkeit anzuzweifeln: Eros sei der Sohn der Armut und daher voller Sehnen; immer wünsche er sich etwas. Doch wie könne ein Gott unerfüllte Bedürfnisse haben?

Der christliche Philosoph C. S. Lewis beschrieb die Liebe Gottes zu den Menschen als »geschenkte Liebe«. Schützende Liebe, wie die von Eltern zu ihren Kindern, sei auch solch eine vorbehaltlos geschenkte Liebe. Wenn Liebende in Eltern/Kind-Rollen schlüpfen, dann schützt und gibt der eine vorwiegend, während der andere vor allem verlangt und nimmt.

Der männliche Beschützer und die schutzbedürftige Frau gehören wohl zu den am besten verankerten Traditionen unserer Kultur. In unseren Mythen rangen Helden mit Monstren, um bedrohte Frauen zu retten. Später wechselten nur die Ungeheuer ihre Gestalt. In den romantischen Hollywoodfilmen der 40er Jahre traten sie als monströse Tyrannen in Erscheinung. Wie Elizabeth Barretts grausamer Vater ergriffen sie Besitz von ihren weiblichen Opfern: »Deine Seele hat die meine ergriffen, die kraftlos schwache, ...«, schrieb sie an ihren Ehemann, nachdem sie durch die Hochzeit von der Herrschaft ihres Vaters befreit war.

Der starke Mann und die verwundbare Frau waren gängige Klischeebilder im 19. Jahrhundert. Sie entsprachen der sozial und wirtschaftlich schwächeren Position der Frau und dem westlichen Ideal femininer Empfindsamkeit und Zerbrechlichkeit. Die Aspekte des liebenden Helfens und Heilens wurden aber der Frau zugeschrieben, wodurch sie paradoxerweise in die emotional stärkere Position kam. Schon in den mittelalterlichen Romanen war die Dame Beschützerin und Inspiration ihres Ritters, pflegte seine körperlichen und symbolischen

In seinem Gemälde »Liebespaar« zeigt Picasso einen Jüngling, der seine Liebste zärtlich und schützend umarmt. Das Gefühl der Sicherheit, das durch die Gegenwart des Partners entsteht, ist ein wertvoller Ausgleich zu den Zwängen des modernen Lebens.

Wunden und bot den sanften Trost der Liebe. Moderne Schriftsteller sind sich der Machtdynamik in einer Beziehung sehr wohl bewußt: Die relative Stärke beider Partner ist fließend und hängt von den einzelnen Personen und wechselnden Situationen ab, nicht nur vom Geschlecht.

Liebe aus Sehnsucht ist nicht notwendigerweise egoistisch, kann aber erdrückend werden, wenn sie zu einer Sucht ausartet. In einer idealen Liebe brauchen und schützen beide Partner einander, geben und nehmen – und gestehen dies auch ein.

Unerwiderte Liebe

Je stärker wir uns zu jemandem hingezogen fühlen, desto schwerer akzeptieren wir, daß das Knistern, das wir spüren, kein Zeichen erwiderter Liebe sein muß. Es kann sich auch schlicht um die reflektierte Energie unseres eigenen Gefühles handeln. Noch verwirrender wird es, wenn wir dies erst später in einer Beziehung bemerken.

Trösten wir uns damit, daß vor dieser schmerzlichen Erkenntnis kaum jemand gefeit ist. In Ovids Geschichte über den schönen Jüngling Adonis geht es sogar der Göttin der Liebe ähnlich, als Adonis ihre Avancen forsch zurückweist und lieber auf die Jagd geht. In Shakespeares »Venus und Adonis« bleibt Amors Pfeil wirkungslos. Die verwirrte und frustrierte Venus bezichtigt Adonis einer fanatischen Selbstliebe: »So starb Narziß in seinem eignen Kuß / Da er sein Spiegelbild umarmt im Fluß«.

Auf diesem Wandteppich aus dem 15. Jahrhundert schenkt ein höfischer Verehrer seiner Angebeteten sein Herz.

Psychologen bestätigen, daß Narzißmus manche Menschen daran hindern kann, Liebe zu erwidern. Entweder wollen sie wie ihr eitles Selbstbild behandelt werden; oder sie suchen als würdige Ergänzung einen idealisierten Partner, der so spezifisch ist, daß sie ihn kaum finden werden. Dies ist jedoch die Ausnahme. Im Normalfall leiden wir nur deshalb unter einer unerfüllten Liebe, weil wir wie selbstverständlich angenommen haben, daß der andere genauso fühlt wie wir. Es gibt eigentlich keinen logischen Grund, weshalb jemand unsere Zuneigung erwidern sollte – außer wir negieren die Tatsache, daß sich Leidenschaft nicht auf Logik gründet. Die Liebe kann uns jedoch mit solcher Macht erfassen, daß wir dies leicht vergessen. Sie kann unsere Wahrnehmung trüben und uns wie Narren aussehen lassen. Ein Beispiel ist der verdrießliche Diener Malvolio in Shakespeares »Dreikönigsabend oder Was ihr wollt«, der fälschlich annimmt, daß ihn seine Herrin liebt. Diese Vermutung kann er lediglich auf einen kryptischen Brief gründen, der nur entstand, um ihn zu necken.

Arabische Dichter des 9. Jahrhunderts huldigten jenen, die sich absichtlich dem Schmerz und der Enttäuschung unerfüllter Liebe aussetzten. Wahre Liebe galt in ihren Augen einem Ideal, das jedoch nie umworben wurde, weil es unerreichbar schien und der Liebende seine edlen Gefühle nicht durch fleischliches Verlangen beschmutzen wollte. Dem Propheten Mohammed wird der Satz zugeschrieben: »Wer liebt, keusch bleibt, sein Geheimnis nie offenbart und stirbt, stirbt einen Märtyrertod.« Dieser Gedanke beeinflußte auch Dante, der die Liebe zu Beatrice nie erfüllen wollte. Sie blieb ein Symbol der entrückten Geliebten, die in göttlichem Glanz erstrahlt.

Manche Menschen lieben absichtlich einen unerreichbaren Menschen, da sie auf diese Weise nicht abgelehnt oder enttäuscht werden können. Eine ehrlichere – und schmerzlichere – Form unerwiderter Liebe entsteht, wenn man sich mit einer Zurückweisung nicht abfinden kann. Die unstillbare Sehnsucht bleibt aufrecht, genährt von der verzweifelten Hoffnung, daß die Liebe eines Tages doch noch erwidert wird. Die Griechen gaben dieser Sehnsucht den Namen eines Gottes: Antieros, der Bruder des Eros. Sie kann ein kreativer Antrieb sein und brachte viele Liebesgedichte der Weltliteratur hervor, wie die von W. B. Yeats an die schöne Maude Gonne.

Edward Hoppers »Morgengrauen« berührt all jene, die schon einmal die ganze Nacht wachten, und erst im kalten Tageslicht begriffen, daß der Liebste nicht anrufen würde.

Die Liebe und die Eifersucht

Eine der größten Herausforderungen in der Liebe ist der Umgang mit ihren dunklen Seiten. Eifersucht ist eine von ihnen, ein Gefühl, das wir fast alle verachten, aber das so eng mit dem Verlangen verbunden ist, daß es auch als Schatten der Liebe bezeichnet wurde. »Niemand kann lieben, ohne eifersüchtig zu sein«, sagte schon Andreas Capellanus im 13. Jahrhundert in seinem Werk »De amore« und verbindet damit sehr unüblich ein Gefühl mit der Liebe, das wir für niederträchtig und destruktiv halten. Im Extrem, wie es Shakespeares tragischer Held Othello verkörpert, ist die Eifersucht weit blinder als die Liebe.

Intensive Eifersucht ist oft das erste Anzeichen, daß wir uns verliebt haben. Selbst wer andere Signale abstreitet oder unterschätzt, schreckt durch das Auftauchen eines Rivalen auf. »Eifer« und »Sucht« weisen auf ein intensives, brennendes Interesse an einem anderen Menschen hin. Eifersucht nährt Leidenschaft, und manche wissen genau, wie sie das Mißtrauen und die Unsicherheit des Partners ausnutzen können. Die Leidenschaft wird durch die Bedrohung künstlich aufrechterhalten; tatsächlich schätzen manche Menschen eine Beziehung erst, wenn Eifersucht im Spiel ist. Für sie scheint emotionale Sicherheit paradoxerweise die Liebe zu dämpfen.

Die Psychologen unterscheiden drei Arten der Eifersucht: verirrte, projizierte und rivalisierende. Verirrte Eifersucht, besonders gefährlich, grausam und ungerecht, verkörpert Othello, der vom üblen Jago verunsichert wird. Unbegründete Eifersucht erzeugt ihre eigenen Beweise, wie Jago weiß: »Dinge, leicht wie Luft, sind für die Eifersucht Beweis, so stark wie Bibelsprüche.« Ein gestohlenes Taschentuch und falsch gedeutete Gespräche genügen, um Othello glauben zu lassen, daß Desdemona untreu war, und ihn dazu zu bringen, sie zu ermorden.

Auf Frans Masereels Holzschnitt aus dem frühen 20. Jahrhundert arrangiert eine Frau vor den Augen ihres älteren Ehemannes ein Rendezvous mit einem Liebhaber.

Links oben: *Dieses Gemälde von Ingres zeigt die Liebenden Francesca da Rimini und ihren Schwager Paolo bei einem Treffen. Die Ehebrecher wurden 1389 vom Ehemann hingerichtet.*

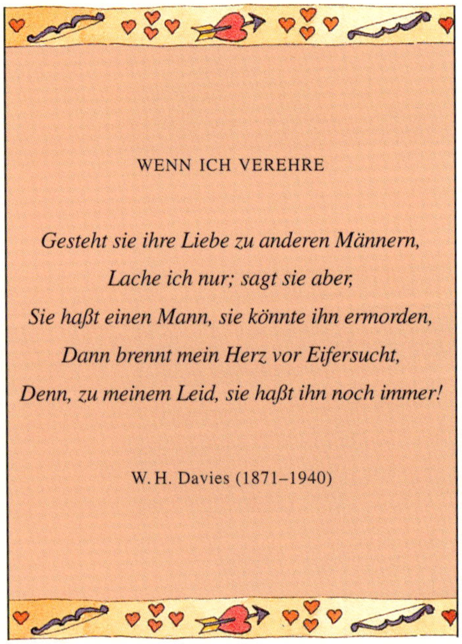

WENN ICH VEREHRE

Gesteht sie ihre Liebe zu anderen Männern,
Lache ich nur; sagt sie aber,
Sie haßt einen Mann, sie könnte ihn ermorden,
Dann brennt mein Herz vor Eifersucht,
Denn, zu meinem Leid, sie haßt ihn noch immer!

W. H. Davies (1871–1940)

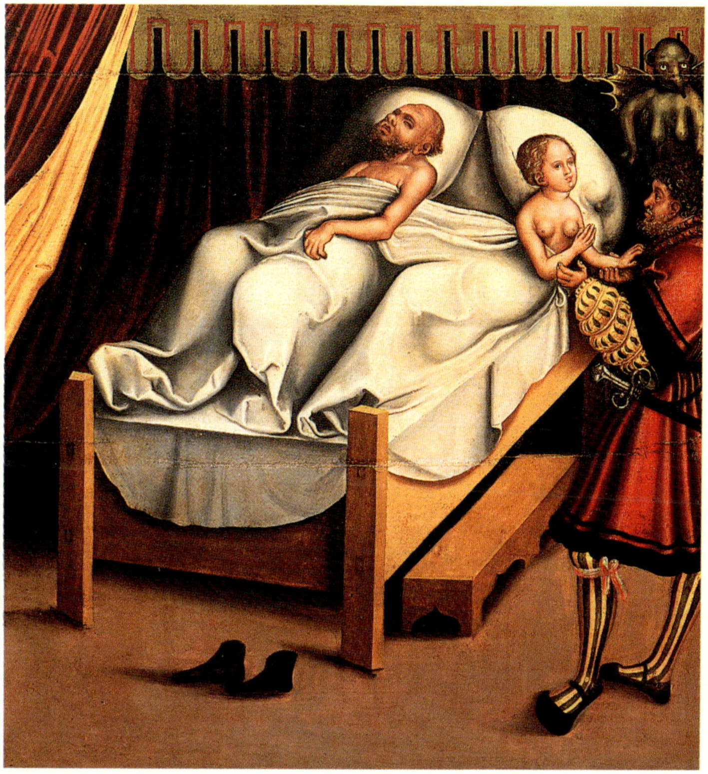

Auf diesem Gemälde von Cranach aus dem frühen 16. Jahrhundert schlüpft eine Frau aus dem Bett in die Arme ihres Liebhabers. Der Ehemann schläft weiter, während ein mittelalterlicher Teufel die Szene mit Wohlwollen betrachtet.

Projizierte Eifersucht ist zwar weniger gefährlich, tötet die Liebe jedoch auch. Bereits harmlose Flirts und Freundschaften werden als Untreue gewertet. Es ist eine übertrieben besitzergreifende Liebe, die jeden fürchtet, der die Aufmerksamkeit des Partners auf sich lenkt. Wir fühlen uns verleitet, die Freiheit des Partners einzuschränken oder hinter ihm nachzuspionieren.

Rivalisierende Eifersucht ist dagegen oftmals berechtigt. Wer betrogen wird, macht eine der schmerzlichsten Erfahrungen, die eine starke Reaktion rechtfertigt. Schwieriger ist es, mit der offenen Konkurrenz durch einen Rivalen umzugehen. Wir neigen dann dazu, die Erfolge unseres Konkurrenten zu überschätzen. Etwas Zurückhaltung ist normalerweise besser als ein wilder Ausbruch, egal ob leidenschaftlich oder wütend. Er färbt nur nachteilig ab. Eine weitverbreitete Strategie ist, zu versuchen, den Partner seinerseits mit einem vermeintlichen Konkurrenten eifersüchtig zu machen. Solange das Spiel nicht außer Kontrolle gerät, ist das durchaus erfolgversprechend.

Dreiecksbeziehungen

Duelle boten einen traditionellen Weg, Rivalen auszuschalten. Erst im 19. Jahrhundert wurde dieser Brauch verboten.

Dreiecksbeziehungen aller Art tragen besonders häufig Unglück in die Liebe. Der Rivale ist meist in den Beginn oder das Ende einer Beziehung verwickelt und schafft so eine Dreieckssituation, die letztlich von einer Person als qualvoll empfunden wird – und manchmal sogar von allen Beteiligten.

Üblicherweise beziehen wir unsere romantischen Gefühle auf eine einzige andere Seele. In der Liebesliteratur sind Dreiecksbeziehungen jedoch keine Seltenheit. Besonders häufig ging es in den höfischen Romanen des Mittelalters um Ehebruch, wie in der Geschichte des legendären König Artus, seiner Frau Guinevere und seines treuesten Freundes Lanzelot. Das Verlangen zwischen dem Ritter und seiner Königin wurde in dieser komplizierten, weil heimlichen Dreiecksbeziehung durch ein Wechselbad aus Freude und Verzweiflung, aus Besitzen und Versagen noch verstärkt.

Manchmal verstärkt eine Dreiecksbeziehung die Liebe und macht sie deutlicher. Der köstliche Schmerz, nicht zu wissen, ob man wirklich geliebt wird, macht für manche Liebende erst das Wesen der Leidenschaft aus. Manchmal brauchen sie sogar den Stachel der Eifersucht, um sich ihrer Liebe sicher zu sein. Andere gewinnen aus dem bewußten Aufrechterhalten einer Dreiecksbeziehung ein erregendes Gefühl der Gefahr. Und der eine oder andere mag sich uneingestandenerweise sicherer fühlen. Denn er muß sich nicht entscheiden und seine persönliche Freiheit einengen. Für ihn erzeugt die Unbeständigkeit ihre eigene Sicherheit, auch wenn er die beiden Partner zumindest vorübergehend in quälender Unsicherheit läßt.

»Die gnadenlose Frau«, ein Gemälde des Präraffaeliten Dante Gabriel Rossetti, zeigt ein Mädchen, das hilflos mit ansehen muß, wie ihr Liebster von einer anderen fasziniert wird.

Trink mir nur mit deinen Augen zu,
Und ich versprech mich dir mit meinen;
Oder laß nur einen Kuß im Becher,
Und ich frag nicht mehr nach Wein.
Der Durst, der aus dem Herzen kommt,
verlangt nach göttlichem Getränk:
Doch wenn ich selbst von Jupiters Nektar trinken könnt',
ich tauscht' ihn nicht für deinen.

Ich sandte dir den Rosenkranz,
Nicht nur, um dich zu ehren,
Sondern hoffend, daß er dort
Nie verwelken würde.
Doch einmal nur traf ihn dein Atem,
Und du zu mir ihn sandtest fort;
Seitdem, ich schwör's, er wächst und duftet,
Nicht durch ihn selbst, durch dich.

Ben Jonson (1572–1637), »Für Celia«

Wenn ich den Tod in deinem Arm erleide,
bin, Herrin, ich beglückt. Nicht größre Lust
begehre ich, als daß an deiner Brust,
in deinem Kuß versunken, ich verscheide.

Wer nur nach Mars trägt flammendes Verlangen,
der zieh' ins Feld, wenn ihn der Jugend Kraft
dahintreibt mit verrauchter Leidenschaft,
den Stoß der span'schen Klinge zu empfangen.

Ach, ich bin feiger, und nichts lockt mich mehr
als hundertjährig, ohne Nam' und Ehr',
in deinem Schloß, Cassandra, sanft zu sterben.

Täusch' ich mich nicht, ist's süßres Heldentum
so hinzuscheiden, als des Cäsars Ruhm,
als Alexanders Ehre zu erwerben.

Pierre de Ronsard (1524–1585)

UNION NORMANDE

Die Liebe und der Wahnsinn

In dieser Illustration aus dem »Buch der guten Sitten« versuchen die beiden Gestalten des anderen Ichs, die jungen Frauen zu Taten gegen ihr besseres Wissen zu verführen.

»Leben und leiden – Himmel, Hölle – das will ich empfinden«, schrieb Julie de Lespinasse, Geliebte des französischen Philosophen Jean d'Alembert im 18. Jahrhundert. Ihre leidenschaftlichen Liebesbriefe drücken ein Verlangen aus, das viele romantisch Verliebte teilen, »lieben, wie man lieben muß: exzessiv, bis in Wahn und Verzweiflung«.

Die Liebe als alles verzehrende Leidenschaft, als Besessenheit, die Vernunft und Konventionen verschlingt, war im 19. Jahrhundert ein beliebtes Roman- und Opernmotiv. Tatsächlich kann man es jedoch noch sehr viel weiter zurückverfolgen. Extreme Liebe galt immer schon als göttlicher Wahn. Unzählige Porträts von Frauen als rätselhafte Dämoninnen entlarven die Angst der Männer vor der unersättlichen, tödlichen Geliebten. Die rachsüchtigen Hyänen, die in Büchern und Filmen ihr Unwesen treiben, lassen die männliche Furcht erahnen, die Liebe könne die Frauen buchstäblich in den Wahnsinn treiben.

Tatsächlich sind es häufig die kühlsten Köpfe beiderlei Geschlechts, die durch besessene Liebe für einen oft unpassenden Menschen aus dem Gleichgewicht kommen. Der englische Essayist William Hazlitt zum Beispiel beschrieb seine völlig absurden, leidenschaftlichen Gefühle für die Tochter seiner Vermieterin, die nur halb so alt war wie er.

Für Psychologen ist diese Art der Liebe total selbstsüchtig. In den göttlichen Status erhoben, verlangt sie absoluten Gehorsam, so daß wir nicht mehr auf unser Gewissen hören. Wahnsinnige Liebe verzeiht viel, aber es ist bedenklich, ihretwegen alles andere aufzugeben.

Auf diesem Gemälde aus dem späten 18. Jahrhundert, das einen Höfling und seine Liebste zeigt, finden sich unterschwellige Anzeichen von Gewalt.

Die Liebe und das Lachen

Das bacchantische Fieber, das gegen Ende des 19. Jahrhunderts in Europa ausbrach, löste viele außergewöhnliche Romanzen aus.

Dieses Stickbild aus dem 18. Jahrhundert mit dem Titel »Frühling« huldigt der sorglosen Freude junger Liebe.

Einem Liebenden, dessen Herz gebrochen ist, mag das Lachen grausam erscheinen; und dennoch ist der Humor ein wichtiger Bestandteil erfolgreicher Beziehungen – manchmal sogar der wichtigste. Selbstironie kann, wenn man sie erträgt, ein wertvolles Heilmittel gegen die Qualen der Besessenheit sein.

Ein guter Teil der griechischen Mythologie besteht aus einer lebendigen Abfolge amouröser Eskapaden. Erstaunlicherweise basiert sogar die arabische Sichtweise der Liebe als ernste künstliche Form mit ihren eigenen Ritualen und Konventionen auf Humor. Theodor Zeldin, ein Historiker des 20. Jahrhunderts, hält die neckische Vertrautheit, die Beduinen zwischen ihren Frauen und fremden Besuchern tolerierten, für ein Mittel, beengende Konventionen aufzubrechen. Dies wiederum ermöglicht eventuell folgende leidenschaftliche Liebesabenteuer. Zeldin zitiert ein Beduinenlied, in dem es heißt: »Was zwischen uns brachte die Liebe in das Tal von Bagid?«, und antwortet gleich selber, es müsse sich wohl um die scherzhaften Beleidigungen handeln, die das Paar austauschte. »Bei der Liebe geht es anfangs um das Necken, danach kommt der aufrechte Ernst«, schrieb schon der einflußreiche maurische Theologe Ibn Hazm im 11. Jahrhundert.

Die erotische Liebe steht, besonders wenn dabei Regeln gebrochen werden und das Risiko der Entdeckung besteht, immer an der Grenze zur Farce. Ihre absurderen Seiten beschreibt Geoffrey Chaucer in seiner »Erzählung des Müllers«, eine der ersten und gewagtesten Liebesgeschichten der englischen Literatur. Der wahre Meister der Liebeskomödie ist jedoch William Shakespeare, für den das Werben vor allem aus Witz und Freude bestand. Sogar die junge, tragische Idealistin Julia kann über sich selbst lachen. Humor wird zu einer der wirkungsvollsten weiblichen Waffen beim Flirt: Zu Shakespeares attraktivsten

und redegewandtesten Heldinnen gehören Beatrice in »Viel Lärm um nichts« und Viola in »Was ihr wollt«. In »Wie es euch gefällt« tauscht Rosalind gekonnt Scherze mit dem Hofnarren aus und warnt ihren Liebsten Orlando: »Versperrt dem Witz eines Weibes die Türen, so muß er zum Fenster hinaus; mach das zu, so fährt er aus dem Schlüsselloch; verstopft das, so fliegt er mit dem Rauch aus dem Schornstein«.

Humor war immer schon ein Sicherheitsventil der Liebe. Das erklärt auch, warum oft die Menschen die größten Erfolge in Liebesangelegenheiten haben, die andere zum Lachen bringen können. Spannung und Unsicherheit junger Liebe werden durch Humor gelindert. Scherze sind ein wichtiger Weg, die Stärke einer neuen Beziehung auszuloten. Nicht viel trennt so stark wie die Erkenntnis, daß das geliebte Wesen keinen Sinn für Humor hat. Humor ist unabdingbarer Teil einer jeden längeren Beziehung, wenn er auch lediglich dazu dient, einen Streit zu beenden, der nur durch einen gemeinsamen Scherz beseitigt werden kann.

Die starke Wirkung von Witz und Humor zieht sich durch Liebesgedichte und -lieder. Der Ton bei scherzhaften Beschreibungen der Liebe ist vielfältig. Einmal ist er lieblich-scherzhaft wie bei Henry S. Lee: »Meine Liebste hascht nach mir wie das Kätzchen nach der Wolle«, ein anderes mal trocken beobachtend wie bei Dorothy Parker: »Wenn du sagst, du bist nur sein / voll Leidenschaft, Zittern und Beben, / und er schwört Liebe, echt und rein, / die bleibt fürs ganze Leben, / aufgepaßt, es ist nur Schein, / bei einem ist Lüge zugegen«. Gleichgültig, wie weh die Liebe auch tut, manche können dennoch ihre humorvolle Seite sehen und in heilendem Lachen Trost finden.

Maskenbälle wurden oft ausschweifender als normale Veranstaltungen, da die Gäste durch die Verkleidung ihre Hemmungen verloren. Diese Veranstaltungen boten eine berauschende Mischung von Intimität und Öffentlichkeit.

Ewige Liebe

Dieses griechische Grabrelief zeigt ein Ehepaar, das hoffte, im Tod vereint zu bleiben.

»... und lebten glücklich bis an ihr Ende«, so schließen normalerweise Liebesmärchen. Für romantische Literatur ist die ewige Liebe dagegen kein Thema, da sie keinen Spielraum für Verlangen, Dramatik, Gefahr, Unsicherheit und wilde körperliche Leidenschaft läßt. Ewige Liebe erscheint im Vergleich zur unglücklichen fast schon langweilig; und dennoch sehnen wir uns nach ihr. Denn wer kann den Gedanken schon ertragen, daß die Liebe eines Tages stirbt?

Vincent Van Goghs »Mittagsrast« zeigt ein vertrautes Paar, das sich nach einem Vormittag voll harter Arbeit eine gemeinsame Pause gönnt.

Die Furcht, die Liebe sei kurzlebig, scheint schon lange in unseren Herzen zu sein. In mittelalterlichen Geschichten endete die Liebe meist tragisch. Man dachte, daß die Liebe nach Überwindung aller Hindernisse in der Ehe bald schwächer werden und schließlich absterben würde. Unser Jahrhundert ist wahrscheinlich das erste, in dem Ehe und romantische Liebe als vereinbar gelten; wobei diese Ansicht weitgehend auf den westlichen Teil unserer Welt beschränkt bleibt.

Einige große Schriftsteller kämpften aber schon früher gegen den herrschenden Zynismus an. Eines von Shakespeares schönsten Sonetten huldigt einer dauerhafteren Vision der Liebe: »Lieb' ist nicht Spott der Zeit, sei auch der Lippe, / die küssen sollte, Lieblichkeit dahin; / nicht endet sie durch jene Todeshippe. / Sie währt und wartet auf den Anbeginn.« In einer langen Beziehung wird uns vielleicht nicht mehr schwindlig, wenn wir die geliebte Person sehen. Das bedeutet jedoch keinesfalls, daß glücklich verheiratete Paare keinen Trennungsschmerz spüren, und schon gar nicht, daß die Sinnlichkeit mit der ersten überschäumenden Erotik verschwinden müßte.

Pierre Choderlos de Laclos, der französische Autor, der im 18. Jahrhundert mit »Gefährliche Liebschaften« eines der zynischsten Bücher schrieb, das je über die Liebe verfaßt wurde, gab ein überraschend zärtliches Rezept für eine glückliche Ehe: »Jeder studiere den anderen, beobachte sich scharf in seiner Gegenwart und

MÄNNER SAGEN,
LEIDENSCHAFTEN ALTERN

Männer sagen, Leidenschaften altern
Mit den Jahren; mein Herz jedoch,
Gleich Gold, ist unvergänglich,
'S ist mein unsterblich Teil.
Und auch die Hand allmächtger Götter
Läßt die Liebe nicht vergehn.

»Michael Field«, Pseudonym von
Katherine Bradley (1846–1914) und
Edith Cooper (1862–1914)

finde heraus, welche Gewohnheiten und persönliche Vorlieben man für den gemeinsamen Frieden aufgeben muß.« Daraus entstehe bald, wie er meinte, »diese sanfte Freundschaft, dieses zarte Vertrauen, die mir, zusammen mit Respekt, als das wahre, beständige Glück einer Ehe erscheinen. Die Illusion der Liebe ist vielleicht süßer, aber wer ist sich ihrer Vergänglichkeit nicht bewußt?« Viele Paare können bestätigen, daß diese »Bereitschaft zum gemeinsamen Frieden« eine der grundlegenden Wahrheiten der Liebe ist – vielleicht sogar die überraschendste.

Die schillernde Ekstase einer jungen Beziehung zeigt sich in Gustav Klimts »Der Kuß«. Die Erinnerung verbindet ein Paar, auch wenn die anfängliche Leidenschaft verblaßt ist.

Erotikratgeber sind schon seit Jahrhunderten beliebt. Diese Abbildung stammt aus einer Handschrift aus dem frühen 15. Jahrhundert.

Die Ideale heutiger Psychologen differieren nur wenig von Laclos' Ansichten: sexuelle Gleichberechtigung, gemeinsame Interessen, Neidlosigkeit, gegenseitiger Respekt, Akzeptanz der eigenständigen Persönlichkeiten. Diese Eigenschaften und die Zärtlichkeit eines Paares, das sich mit wahrer Leidenschaft geliebt und dies nicht vergessen hat, sind die wahren Bestandteile der ewigen Liebe. Die Herausforderung und das Abenteuer enden nicht mit der Hochzeit. Hier beginnen zumeist erst die wahren Prüfungen.

Verlorene Liebe

Die reuevolle Erinnerung an eine verlorene Liebe ist nicht nur beliebtestes Thema in der lyrischen Poesie, sondern auch in Oper und Volksmusik. Niemand hat sie schlichter beschrieben als der chilenische Schriftsteller Pablo Neruda: »Heut' nacht kann ich die trübsten, traurigsten Verse schreiben. / Denken, daß sie mir ferne ist. Fühlen, daß sie verloren. / Hören die öde Nachtluft, öder noch, seit sie von dannen ist.«

Wenn wir uns verlieben, werden wir verletzlich und wehrlos gegen den Verlust der Liebe. Das Risiko taucht in vielen Gestalten auf: Die Person, in die wir so viele Hoffnungen gesetzt haben, kann weggehen, uns nicht mehr lieben, uns wegen eines anderen Menschen verlassen, durch die Grausamkeiten des Schicksals von uns getrennt oder unabsichtlich von uns verlassen werden – oder sogar sterben.

Puccinis Oper »La Bohème«, eine der ergreifendsten romantischen Opern, dramatisiert die Ängste aller Liebenden: daß unsere leidenschaftliche Liebe nicht überlebt und wir den Schmerz erleiden, das geliebte Wesen sterben zu sehen.

In gewissem Sinne ist der Verlust der Liebe eine Art zu sterben. Wir fühlen einen so wirklichen Schmerz, wie der beim Tod eines nahen Menschen. Oft wird er bis ins Unerträgliche durch die Tatsache verstärkt, daß all unsere Sinne beteiligt sind. Unser ganzes Wesen vermißt die Wärme, Nähe und die intime Freude eines geliebten Körpers. Eine Liebe zu verlieren, ist äußerst schmerzvoll und kann, wenn wir es zulassen, zu anhaltender Bitterkeit führen. Wenn wir uns aber von diesem Besitzdenken lösen, läßt uns der Verlust reifen und bereit werden für etwas Beständigeres.

In der Liebe werden wir anfällig für enormen Schmerz. Die Einsamkeit und Verzweiflung beim Verlust eines geliebten Menschen, eindrucksvoll dargestellt in diesem Gemälde von Emma Turpin, ist vergleichbar mit dem lähmenden Schock, den ein Todesfall auslöst.

Ariadne half Theseus, den Minotaurus zu besiegen; dennoch wurde sie von ihm auf der Insel Naxos zurückgelassen. Sie heiratete den Gott Dionysos (siehe S. 27) und fand das große Glück. In der Renaissance wurde sie zum Symbol des Lebens, das durch den Tod wiedererblüht.

Den dämmrigen Pfad eines Traumes ging ich, um die Liebste zu suchen,
die mir gehörte in einem früheren Leben.

Ihr Haus stand am Ende einer verödeten Straße.
Im Abendwinde saß ihr Lieblingspfau schläfrig auf der Stange,
und die Tauben schwiegen in der Ecke.

Sie setzte ihre Lampe nieder an der Pforte und stand vor mir.
Sie hob ihre großen Augen zu meinem Gesicht und fragte stumm:
»Geht es dir gut, mein Freund?«

Ich versuchte zu antworten, aber unsre Sprache war
verloren gegangen und vergessen.

Ich dachte und dachte; unsre Namen wollten mir
nicht in den Sinn kommen.

Tränen schimmerten in ihren Augen. Sie hielt ihre rechte Hand
auf zu mir. Ich nahm sie und stand schweigsam.

Unsre Lampe hatte im Abendwind geflackert und starb.

Rabindranath Tagore (1861–1941), »Auf dem dämmrigen Pfad eines Traumes«

Soll ich denn einen Sommertag dich nennen,
dich, der an Herrlichkeit ihn überglänzt?
Dem Mai will Sturm die Blütenpracht nicht gönnen,
und Sommers Herrschaft ist so eng begrenzt.

Oft leuchten seines Blickes Feuerfarben,
doch bald auch hört das goldne Glänzen auf,
bis seine allerletzten Spuren starben
in Wechsel und natürlichem Verlauf.

Dir aber soll der Sommer niemals scheiden,
die Zeit sei fern, daß Schönheit dir verdirbt.
Des Todes gier'ger Blick weiß dich zu meiden:
mein Wort verhütet, daß dein Wesen stirbt.

Solange Ohren hören, Augen sehn,
besteht mein Lied, wirst du im Lied bestehn!

William Shakespeare (1564–1616), Sonett 18,
Nachdichtung von Karl Kraus

Die Sprache der Liebe

Der Liebe Sprache zu verstehen
Vermag im Grunde nur
Ein Herz voll Sehnen und voll Flehen,
Voll Leidenschaft so pur.

ANONYMUS, PERSISCHES LIEBESGEDICHT

Die Sprache der Liebe kommt ohne große Worte aus. Ein tiefer Blick, eine Berührung, ein erwidernder Händedruck sagen weit mehr als tausend Worte. Die wenigsten Menschen sind Dichter, und die Alltagssprache ist zu nüchtern, um die Gefühlstiefe der Liebe zu vermitteln. Oft scheint es, als würden wir banales Zeug reden und Worte verwenden, die das, was wir dem anderen mitteilen wollen, nicht auszudrücken vermögen.

Das ist wahrscheinlich auch der Grund, weshalb Liebende schon seit Jahrhunderten auf andere, ganz eigene, persönliche und für Außenstehende oft geheimnisvolle Weise kommunizieren. Nur sie verstehen den emotionalen Gehalt in einem Buch oder einem Musikstück, in einem Andenken, einem Souvenir, einem Ring, einer Blume oder den Kosenamen, die sie verwenden, wenn sie allein sind.

Der liebende Blick

Helena von Troja, die schönste Frau der Welt, ist hier dargestellt, wie sie ihren Gatten Menelaos betrachtet.

Unsere Augen sind die unmittelbarsten und auch mächtigsten Boten unserer Gefühle. Es ist fast unmöglich, die Emotionen, die sie enthüllen, falsch zu verstehen. Im Mittelalter glaubte man, daß die Liebe beim ersten Blickkontakt beginnt. Nicht zuletzt deshalb hielt man die Augen für die Fenster der Seele. Nach dem ersten Blick, so die Überzeugung, bahne sich ein geheimnisvoller Strom seinen Weg zum Herzen und lasse in einer alchemistischen Reaktion Liebe entstehen.

Schon als Neugeborene lernen wir, auf diese Blick der Liebe zu reagieren. Babys fixieren die Augen ihrer Mutter und lächeln, da ihnen die strahlende Liebe, die sie darin finden, ein Gefühl der Sicherheit vermittelt. Liebende verlieren sich in ihren Blicken, ohne das Grinsen der Umwelt zu bemerken. Augen drücken die Liebe auch unbewußt aus: Geweitete Pupillen sind ein klassisches Anzeichen sexueller Erregung, und Augen-Make-up ist nach wie vor eine wirkungsvolle Waffe im Arsenal der Reize.

Spanische Frauen, die Erbinnen der maurischen Schleier, beherrschen mit den Augen angeblich mehr Tricks als Zauberer mit den Karten. In der wandlungsfähigen Sprache des Flirts können Männer eine seitliche Augenbewegung etwa als Frage, ein leeres Starren als Zeichen für Leid, ein Zwinkern als Signal der Freude, einen Blick nach innen als Ablehnung, berührte Augenlider als Warnung und gesenkte Lider als Zustimmung interpretieren. Beim liebenden Blick gibt es aber keine Garantien. Alles kann mit den Augen gesagt, aber nichts bewiesen werden, wie schon Stendhal beobachtete: »Blicke sind die schweren Geschütze einer tugendhaft koketten Frau; ein Blick vermag alles zu sagen, was später dennoch verleugnet werden kann.«

Dieses Gemälde von Emma Turpin vermittelt die mächtige Anziehungskraft, die schon durch einen zufälligen Blick hervorgerufen werden kann.

Das Öffentliche und das Private

»Nur wer davor zittert, zu sagen, daß er liebt, liebt wirklich«, schrieb der berühmteste Soldatendichter des 16. Jahrhunderts, Sir Philip Sidney. Seit Menschengedenken fällt es uns nicht leicht, unsere Liebe zum ersten Mal zu gestehen; so viel Hoffen hängt an der ersehnten Reaktion. Doch selbst wenn wir glauben, daß unsere Liebe erwidert wird, wollen wir unser Geheimnis nicht sofort preisgeben.

Dem Bedürfnis, unsere Liebe in die Welt hinauszuschreien, steht das Gefühl entgegen, die Öffentlichkeit könne ihr etwas von ihrer geheimnisvollen Intensität nehmen. Schätzen wir die witzigen Bemerkungen, auch wenn sie von unseren engsten Freunden kommen, wirklich? Diese instinktive Zurückhaltung war in früheren Gesellschaften fast ein Muß. So war etwa die höfische Liebe sehr diskret; Andreas Capellanus ermahnt in seinem Werk »De amore« aus dem 13. Jahrhundert: »Eine öffentliche Liebe dauert selten lange.« Er bringt die Regeln einer Zeit zum Ausdruck, in der die Enthüllung nicht gestatteter Liebe für die Betroffenen den gesellschaftlichen Ruin bedeutete.

Im 18. Jahrhundert war Venedig berühmt für seine Maskenbälle. Dieses Detail aus einem Gemälde von Pietro Longhi zeigt ein Paar, das im Schutz ihrer Verkleidung miteinander flirtet.

Heute müssen wir unsere Liebe nicht mehr so oft verbergen. Im 19. Jahrhundert war die romantische Liebe etwas sehr Privates. Zärtlichkeiten in der Öffentlichkeit galten als geschmacklos. Noch in den 40er Jahren unseres Jahrhunderts waren sich küssende Liebespaare außerhalb der Hauptstädte ein außergewöhnlicher Anblick. Solche Veränderungen sind jedoch nicht sehr tiefgreifend. Liebende loteten schon immer die Grenzen zwischen öffentlichem und privatem Bereich aus. Der Kontrast kann sehr reizvoll sein, wie jeder weiß, der bei einem offiziellen Abendessen schon einmal unter dem Tisch Händchen gehalten hat.

Existiert die Liebe komplett isoliert von der Außenwelt, erscheint sie uns sehr leicht wunderbar. Genau aus diesem Grund verlieben sich auch so viele Menschen in den Ferien. Die Isolation ermöglicht es zumindest für einige Zeit, Liebe ohne die üblichen

Konsequenzen zu genießen. Es ist unwichtig, ob der geliebte Mensch unsere Familie, den Freundeskreis, die Karriere, den Wohlstand oder die Sicherheit aus dem Gleichgewicht bringen könnte.

Aus einer diskreten Liebesaffäre hinaus an die Öffentlichkeit zu treten, ist seit jeher ein wichtiger Schritt, der Mut erfordert und unseren Bindungswillen demonstriert. Wir wollen die uns nahestehenden Menschen an unserem Glück teilhaben lassen und vertrauen darauf, daß sie mit unserer Wahl einverstanden sind. Wir erkennen also, daß wir nicht für immer in einer privaten Welt zeitloser Ekstase bleiben können – auch nicht in einer kleinen Welt gleichgesinnter Freunde –, und daß die Sprache echter Liebe sowohl öffentlich als auch privat ist.

Auf Willy Ronis' Fotografie »Café Rue de la Hachette« gibt ein aufmerksamer Mann einer Frau Feuer. Die Wirkung dieses Bildes resultiert aus der Spannung zwischen dieser intimen Tätigkeit und dem öffentlichen Umfeld.

Die Musik der Liebe

Liebeslieder wurden in Europa und dem Mittleren Osten von Männern vorgetragen, wie auf dem Bild aus dem 18. Jahrhundert zu sehen ist.

Liebeslieder enthalten schon seit Jahrhunderten eine Sprache, die weit wendiger und eloquenter ist als die unsere, mit der wir unsere Liebe auszudrücken versuchen. Oft berühren sie uns in einer Art, die die üblichen Barrieren von Alter, gesellschaftlichem Milieu oder ästhetischem Geschmack völlig auflösen. Schon Noël Coward bemerkte: »Sonderbar, wie machtvoll billige Musik doch ist.«

Die Macht der Musik und ihre Fähigkeit, Liebe zu zelebrieren, beherrschte schon die alte griechische Sage von Orpheus. Um Eurydike zu retten, erwärmt er mit seinem Gesang sogar das kalte Herz von Hades, dem Gott des Todes. Die enge Bindung zwischen Musik und Liebe setzt sich durch die gesamte Geschichte fort. In den Musiksalons im Medina des 7. Jahrhunderts sollen langhaarige Jugendliche zur Laute die Liebe als Essenz des Lebens gepriesen haben. Im 11. Jahrhundert brachten die singenden Troubadoure diese Tradition höfischer Liebe nach Europa, und die Musik wurde zum wichtigen Bestandteil einer weltlichen Liebe, die als Ursprung der Tugend gefeiert wurde. Bei diesen fahrenden Musikanten, die oft Analphabeten waren, handelte es sich um die Ahnen von Komponisten wie Cole Porter oder Stephen Sondheim, die unserem Jahrhundert großartige Liebeslieder schenkten.

Liebeslieder sind aber viel mehr als »nur eine komponierte Liebkosung«, wie Sigmund Romberg meinte. Folklorelieder, Volksmusik, sentimentale Liebeslieder oder Rocksongs erzählen eine Geschichte von Gefühlen, die wir wiedererkennen und zu unseren machen, während wir zuhören. Von der Opernarie über das Schubertlied bis zum einfachen »Love, love me do!« der Beatles bringen die Texte der Liebeslieder eine unendliche Vielfalt in ein Thema, das wir vielleicht für begrenzt hielten.

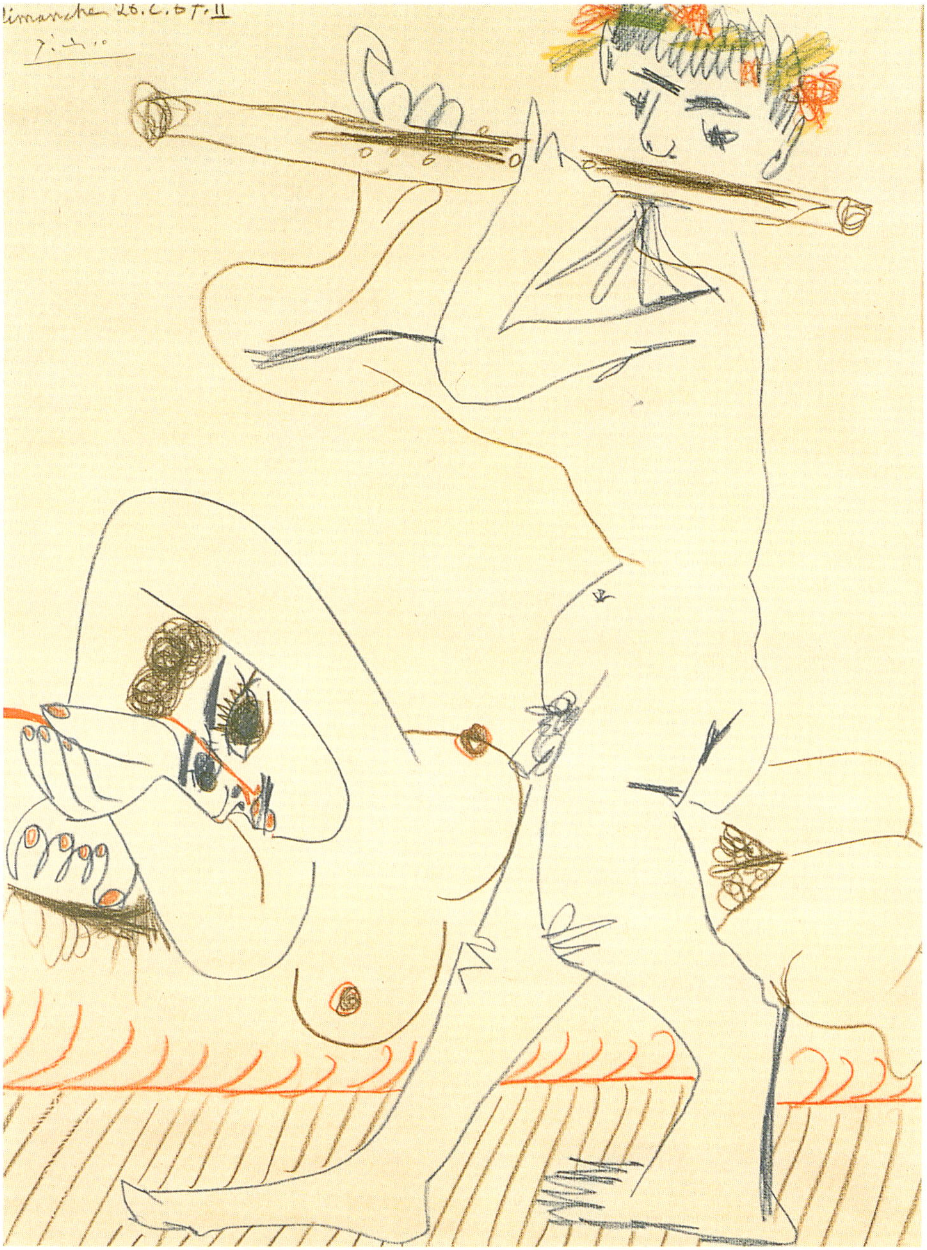

Picassos Zeichnung »Flöte spielender Pan« zeigt den Gott, wie er mit seiner wilden Musik eine Frau verführen will. Pan war ein antiker Fruchtbarkeitsgott und Inspiration für die Hirtenlyrik.

Der Tanz der Liebe

Dies zauberhafte Wunder hat Liebe ersonnen,
Denn Tanz ist der Liebe treffendster Gebrauch.

SIR JOHN DAVIES (1569–1626), »EIN TANZGEDICHT«

Tanz ist Werben in reinster Form. Seine erlaubten Umarmungen waren für Jahrhunderte das erotischste öffentliche Flirtritual und so wurde er von Moralaposteln oft kritisiert. William Prynne, der im 17. Jahrhundert Schmähschriften verfaßte, verurteilte das Tanzen, da es »meist mit viel amourösem Lächeln, schamlosen Komplimenten, unkeuschen Küssen, ... aufreizender Kleidung und lächerlichen Liebesstreichen einhergeht, die alle vor Sinnlichkeit und lodernder fleischlicher Lust strotzen.« Viele formelle Tänze, z. B. die Quadrille, gestatteten wenig körperlichen Kontakt zwischen den Partnern. Gefühle konnten nur durch verstohlene Blicke, gesenkte Augenlider und geflüsterte Worte übermittelt werden, denn die Tanzfläche war eine der wenigen Möglichkeiten für wohlbehütete junge Damen, allein mit Männern zu sprechen.

Der umstrittenste Tanz von allen war der Walzer, bei dem die Paare in enger Umarmung über die Tanzfläche wirbelten. Er wurde im frühen 19. Jahrhundert in Europa populär und überquerte schnell den Atlantik. In der Folge löste er nicht nur eine Flut von Predigten und Abhandlungen aus, sondern inspirierte auch Byron zu einem ironischen Gedicht. Man tanzte aber weiter, vielleicht weil niemand – nicht einmal diejenigen, die durch den neuen Stil beunruhigt waren – die durchtanzten Nächte vergessen konnten. Und so huldigte Byron: »Laßt unermüdlich tanzen uns / kein Schlaf bis graut das Tageslicht / dem grellen Sonnenscheine / weicht der Jugend Frohmut nicht.«

Immer schon haben sich die Menschen die sinnliche Kraft des Tanzes zunutze gemacht, entweder, um die Götter zu bezaubern oder einfach nur das andere Geschlecht. In der Bibel veranlaßte die Erotik von Salomes Tanz König Herodes, Johannes den Täufer köpfen zu lassen. Bizets berauschende Heldin Carmen benutzte die verführerische Kunst des Flamencos, um ihre Liebhaber José und den Stierkämpfer Escamillo zu umgarnen. Südamerika-

Bei Bällen hatten alle Frauen eine Tanzkarte, um die Namen ihrer Partner zu notieren. Sie wurden noch lange nach dem Ereignis als Souvenir aufbewahrt. Junge Mädchen wurden dazu angehalten, mit mehreren Männern zu tanzen; mehr als zwei Tänze mit demselben Partner galten als ungehörig.

Im Europa des 18. und 19. Jahrhunderts war das Tanzen eine der wenigen Möglichkeiten für eine engere Kontaktaufnahme zwischen Männern und Frauen. Der Walzer, bei dem die Männer ihre Partnerin eng an sich ziehen konnten, rief anfangs einen Sturm der Entrüstung hervor, wurde dann aber sehr populär.

nische Tänze, wie Tango oder Samba, enthalten eine geballte Ladung Erotik. Der exzentrische Charleston wurde schließlich zum Meilenstein für die emanzipierte Frau der wilden 20er Jahre.

Bis heute hat der Tanz seine Macht in Liebesangelegenheiten bewahrt. Schülerbälle in Amerika und Debütantenbälle in Europa sind genauso bedeutsam und werden ebenso ungeduldig erwartet wie die großen fürstlichen Bälle des 18. Jahrhunderts. Verführerisches Lächeln, geflüsterte Komplimente und aufreizende Bewegungen verbinden den Tanz nach wie vor mit Liebe und Flirt.

Die Speisen der Liebe

Dieses kostbare Gemälde ist eine Momentaufnahme eines Banketts mit Unmengen exotischer Speisen, das im September 1755 tatsächlich im Ca Rezzonico in Venedig stattfand.

Liebe und Essen sind in ihrer Symbolik eng miteinander verbunden, da bei beiden sowohl die Vorfreude als auch der Genuß voller Sinnlichkeit ist. Sexuelle Liebe und Verlangen werden oft als unstillbarer körperlicher Durst oder Hunger beschrieben, die entweder eine unbändige Qual bleiben oder bis zum Exzeß ausgekostet werden.

Die aufwendige Vorbereitung eines Mahles für einen geliebten Menschen ist daher voll romantischer Bedeutung. Der Held in Ben Jonsons Stück »Volpone« verspricht seiner Liebsten erlesenste Speisen: »Mit Papageienköpfen, Nachtigallzungen, / Mit Pfaun- und Straußenbrägen! Ja, geläng's, / Den Phönix aufzufinden, der Natur / Verloren hat, so sollt auch der willkommen / Uns sein und eine gute Mahlzeit geben.«

Zaubervögel, Liebestränke, und die angeblich erotisierenden rohen Austern können die Liebe verstärken, oder auch nicht; die Intimität eines gemeinsamen Mahles ist dennoch ein perfekter Auftakt für ein Rendezvous und ein wesentlicher Teil der nostalgischen Erinnerungen daran. Die Intensität von Edwin Morgans »Erdbeeren« läßt uns das Wasser im Mund zusammenlaufen: »Die blauen Teller auf dem Schoß, / die glitzernden Erdbeeren, / die wir in Zucker tauchten, / einander betrachtend, / innehaltend, / in starrer Erwartung.« Die Erdbeere ist als uraltes Symbol fleischlicher Freuden eine von vielen Früchten, die seit Jahrhunderten mit erotischer Hingabe verbunden sind.

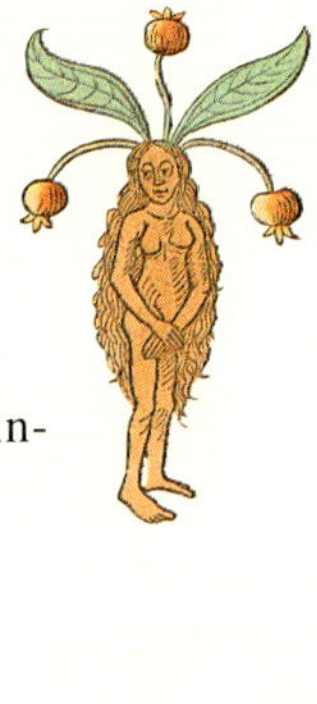

Die Kolonisation von Afrika, Asien und Amerika brachte viele exotische Früchte nach Europa. Einigen davon wurde erotisierende Wirkung zugeschrieben.

Komm leb mit mir, sei meine Liebe,
Und laß uns alle Freuden sehn,
Die Täler, Haine, Hügel, Felder,
Wälder und steile Hänge bieten.

Wir werden auf den Felsen sitzen,
Sehn, wie der Schäfer hält das Schaf,
An Flüssen seicht, zu deren Stürzen
Die Vögel singen Melodien.

Ich werde dich auf Rosen betten
Und dir Blumensträußchen schenken,
Ich flechte dir auch einen Gürtel
Geschmückt mit Myrthenblättern.

Ich schenke dir ein Kleid aus Wolle
Von unsrem feinsten Schaf geschorn;
Auch Schuhe für den kalten Winter,
Mit Schnallen aus dem reinsten Gold.

Ein Gurt aus Stroh und Efeuknospen
Mit Bernsteinschnalle soll dich ziern:
Wenn diese Freuden dich berührn,
Komm leb mit mir, sei meine Liebe.

Die Schäfer solln zu deiner Freude
Tanzen und singen den ganzen Mai:
Wenn diese Freud dein Herz entzückt,
dann leb mit mir, sei meine Liebe.

Christopher Marlowe (1564–1593), »Der leidenschaftliche Schäfer an seine Liebe«

Geheimsprache der Liebe

Fächer kamen jahrhundertelang beim Flirten zum Einsatz. Mit geübter Koketterie konnte eine Frau durch die Art, in der sie ihren Blick verbarg oder sich Luft zufächelte, Verärgerung, Scham oder die Bereitschaft ausdrücken, einen Liebenden anzuhören.

Geheimnisse hatten Liebende schon immer, egal, ob sie ihre Liebe nun offen zeigten oder nicht. Nicht genau das zu sagen, was man meint, ist Teil scherzhaft neckischen Werbens und jahrhundertealten Flirts. Wer sich seiner Gefühle oder der des Gegenübers nicht sicher ist, bleibt im Gespräch lieber vage.

Wird eine Frau wie auf diesem Gemälde von Vermeer beim Schreiben gezeigt, so verfaßt sie meist einen Liebesbrief. Ihre treue Zofe wartet darauf, ihn zu überbringen.

Ausgefeilte Geheimcodes kommen dagegen meist nur dann zum Einsatz, wenn die Liebe verborgen bleiben soll und ihre Entdeckung peinlich oder sogar gefährlich wäre. Liebesbriefe, die in einer Geheimsprache abgefaßt oder mit unsichtbarer Tinte geschrieben wurden, gab es bereits bei den alten Römern; und durch die gesamte weitere Geschichte schrieben sich Liebende verschlüsselte Botschaften. Zu den wenigen, die noch erhalten sind, gehören jene der Lady Jane Whorwood, die königstreuen Gefangenen während des englischen Bürgerkrieges Briefe zuschanzte. Einer davon, den der Empfänger vermutlich mit zittrigen Händen entschlüsselte, versprach ein Stelldichein: »Diese rotgefleckten Brüste, die Sie nie zuvor zu berühren wagten, können Sie ergreifen, wann immer es Ihnen gelüstet, und sich in ihrem süßen Duft vergessen.«

Über Jahrhunderte waren Briefe die gebräuchlichste Methode, verbotene Liebesbotschaften zu übermitteln – und die gefährlichste. Normalerweise war ein Überbringer notwendig, etwa eine treue Zofe oder ein Diener. Ein abgefangener Brief, der zu Mißverständnissen, Schande, Ruin, Duellen, Selbstmord oder Mord führt, ist ein beliebtes Motiv in Tausenden Romanen und Theaterstücken. Die Geheimcodes von Liebenden waren meist ziemlich einfach. Der junge Mozart fand jedoch einen besonders originellen Weg, das Verbot seines Vaters zu umgehen und seiner »schönen englischen Rose« seine Bewunderung zu übermitteln: Er ersetzte Buch-

DIE, DIE MIR NAHE STEHEN

Die, die mir nahestehen, wissen nicht,
daß du mir noch viel näher bist.
Die, die zu mir sprechen, wissen nicht, daß mein
Herz erfüllt ist von deinen ungesagten Worten.
Die, die meine Wege kreuzen, wissen nicht,
daß ich allein mit dir wandle.
Die, die mich lieben, wissen nicht,daß ihre
Liebe dich näher zu mir bringt.

Rabindranath Tagore (1861–1941)

staben durch Musiknoten. Eine weitere beliebte Methode war die Verwendung literarischer oder mythologischer Anspielungen. Die französische Königin Marie Antoinette etwa unterstrich Passagen in Romanen als Hinweise für ihre Verehrer.

Gerade jene Verschlüsselungen, die vor unerwünschten Augen schützten, ermöglichten es dem Verfasser, von Herzen mit dem wahren Empfänger zu sprechen. Diesen scheinbaren Widerspruch machten sich Generationen von Liebenden zunutze.

Stanley Spencers bemerkenswertes Bild »Liebesbriefe« zeigt einen Mann, der von der Menge oder dem Inhalt der Botschaften, die er mit seiner Liebsten tauscht, überwältigt wird.

Ein Gruß der Liebe

Der Brauch, daß Liebende am Valentinstag ihren Bund erneuern, ist schon Jahrhunderte alt. Es ist unklar, ob er mit zwei frühen Heiligen gleichen Namens zusammenhängt. Eine mögliche Erklärung für die Tradition findet sich in Chaucers »Parlament der Vögel« aus dem 14. Jahrhundert, in dem der Autor den Feiertag am 14. Februar mit der Paarung der Vögel – und darüber hinaus mit den Menschen – in Verbindung bringt: »Denn es war am Valentinstag, als die Vögel sich zusammentaten.« Der Brauch der freien Partnerwahl leitet sich vielleicht aus dieser natürlichen Symbolik ab.

Aufwendige Briefe und Karten werden schon seit Generationen am Valentinstag verschickt.

Im 16. und 17. Jahrhundert erlaubte eine althergebrachte Tradition englischen Frauen, einen Valentinsverehrer zu küren. Dabei spielte der Zufall eine große Rolle, weil sie etwa vorab bestimmte, den ersten Mann zu nehmen, der ihr an diesem Morgen begegnete. Von ihm wurde ein Geschenk erwartet. Dem gefeierten Chronisten Samuel Pepys gefiel es augenscheinlich nicht, daß die Frau bei dieser Sache die Zügel in der Hand hielt, was aus einer Eintragung für das Jahr 1662 hervorgeht: »Ich vermied es an diesem Tag bewußt, bei Sir Batten gesehen zu werden; ich möchte nicht der

Dieser Schweizer Schnupftabakautomat aus dem frühen 19. Jahrhundert könnte ein extravagantes Liebespfand sein, obwohl viele Valentinsgeschenke weniger aufwendig waren.

Valentinsverehrer seiner Tochter sein, zwischen uns besteht keine besondere Freundschaft.«

Der Brauch, verschlüsselte Valentinskarten zu verschicken, etablierte sich erst im 19. Jahrhundert. Er ging von England aus und wurde in den USA bald sehr populär. Valentinskarten bedienten sich einer geheimen Blumensprache, bei der Zeichnungen von Vergißmeinnicht, Veilchen und Rosen leidenschaftliche Geständnisse in komplizierte Blumencodes kleideten. Im Schutze der Anonymität konnten Männer wie Frauen die Initiative ergreifen und ihre Liebe gestehen. »Unterzeichne eine Valentinskarte nie mit deinem eigenen Namen«, riet schon Sam Weller seinem Meister in Dickens' »Die Pickwickier«.

Dieser falsche 50-$-Schein der Bank der wahren Liebe entstand um 1850 in den USA. Er ist ein frühes Beispiel der neuartigen Valentinskarten.

Die liebevollen Zeichen, die heutzutage am Valentinstag ausgetauscht werden, sind nicht weniger geheimnisvoll. Die Zeitungen sind voll kryptischer Botschaften von Schatzibutz an Hasimaus, die mit schelmischen Einblicken in ihre Intimsphäre die übrigen Leser belustigen. Der Valentinstag, dieses bizarre Nebenprodukt eines Kultes um zwei frühe italienische Heilige, ist eine blühende und erstaunlich langlebige Tradition. 600 Jahre nach Chaucer halten die Geschlechter ihre alljährliche Verabredung ein und feiern den Tag mit einfallsreichen, unterhaltsamen und dauerhaften Ritualen.

Karten mit Blumenbotschaften waren voll verwickelter Bedeutungen. Maiglöckchen und Vergißmeinnicht standen etwa für reine, ewige Liebe.

Die Botschaft der Blumen

Die Farben der Mohnblume hatten schon immer einen besonderen Reiz für Liebende.

Warum bekomm' ich immer nur
Ein Büschel roter Rosen,
Viel lieber hätt' ich
gern einmal
smaragdbesetzte Dosen.

Dorothy Parker rümpft vielleicht die Nase über einen Strauß Rosen, aber die Kraft der Blumen als Botschafter der Liebe ist noch immer stärker als das Klischee. Blumen sind schon seit Jahrhunderten Symbol weltlicher und religiöser Liebe. »Blumen sagen mehr als Worte«, hieß es schon seit jeher, egal, ob als riesiges Bouquet oder als kleines, bescheidenes Sträußchen.

Als Gärten im mittelalterlichen Europa immer üblicher wurden, erhielten Blumen symbolische Bedeutung. Im elisabethanischen England hätte das Publikum von Shakespeares »Hamlet« die Bedeutung von Orphelias Worten an Laertes sicher verstanden: »Da ist Rosmarin, das ist zur Erinnerung – bitt' euch: liebt mich, gedenket mein –, und da sind Stiefmütterchen, die sind zum Andenken«.

Erst im 19. Jahrhundert wurden diese beliebten Assoziationen in eine eigene Geheimsprache gekleidet. Blumen sollten Wünsche und Gefühle vermitteln, die nicht offen ausgesprochen werden konnten. Dieser Blumencode blieb natürlich nicht lange geheim. Hunderte von Büchern entstanden, die beim Entschlüsseln der Zeichnungen auf den Valentinskarten oder der Bedeutung eines aufwendig gebundenen Straußes halfen. Dieser Code war mehr als ein Gesellschaftsspiel; er basierte auf der philosophischen Überzeugung, die Natur drücke die Wahrheit aus. Die Blumensprache hielt Einzug in die Werke von Honoré de Balzac und Victor Hugo. In Romanen wie im wirklichen Leben konnte die Symbolkraft der Blumen die Handlung vorantreiben, ohne daß ein Wort fiel. Die weiße Kamelie als Symbol der Lieblichkeit in Elizabeth Gaskells Roman »Ruth« ist ein Geschenk, das die Leser richtig als mutigen, gewagten Schritt interpretierten.

Schon seit der Antike war Lotus ein Symbol für Fruchtbarkeit, Sexualität, Geburt, Wiedergeburt und Reinheit. Auf dieser indischen Miniatur bringt der Gott Krishna seiner geliebten Radha eine Lotusblüte.

Die Zeichen der Liebe

Mark Anton legte Cleopatra sein Königreich zu Füßen; normalerweise geben sich Liebende aber auch mit kleineren Geschenken zufrieden. In der langen Geschichte der Liebesgaben finden sich die verschiedensten Objekte, die an sich oft unbedeutend sind, aber alle die Macht der Liebe messen oder prüfen wollen. In gewisser Weise sind Andenken in einer Beziehung sowohl Ausdruck des Zweifels als auch der Sicherheit. Der Wert, den der Empfänger dem Andenken beimißt, ist für den Gebenden ein Beweis der Zuneigung; die emotionale Bedeutung kann den materiellen Wert weit übersteigen. Jedes kleine Objekt kann diesem Zweck dienen, von einfachen, praktischen Dingen (etwa dem fein gearbeiteten Nadelkissen eines Matrosen aus dem 19. Jahrhundert) bis zu stark symbolischen Geschenken, etwa einer Haarlocke, die die Hingabe für den anderen ausdrückt. Am Anfang seiner Reisen beschrieb der junge Lord Byron, wie er mit einer spanischen Schönheit beim Abschied Locken austauschte. Da ihre etwa einen Meter lange Locke bei der Reise Umstände hervorrief, schickte er sie an seine Mutter in England.

Im alten Griechenland hängte man als Zeichen der Zuneigung Kränze an die Türe der geliebten Person.

Liebesgaben, durch Absicht oder Zufall erlangt, sind ein beliebtes Thema in Märchen. Dieses Gemälde von Emma Turpin erinnert an »Aschenputtel«, in dem der edle Prinz seine Geliebte mit Hilfe eines verlorenen Schuhs wiederfindet.

Andenken waren besonders anläßlich längerer Trennungen beliebt. Meist wählte man Objekte, die in enger Beziehung mit dem Körper eines Menschen standen. Capellanus führte in seinem Werk »De amore« aus dem 13. Jahrhundert an, welche Andenken eine Frau als Trost für die lange Abwesenheit ihres vagabundierenden Ritters erwarten konnte: »Ein Taschentuch, ein Haarband, einen goldenen oder silbernen Kranz, eine Brosche, einen Spiegel oder Gürtel, eine Tasche, eine Quaste, einen Kamm, Ärmel, Handschuhe, ... alles, was nützlich oder nett anzusehen ist.«

Ein Andenken kann sowohl der Beginn als auch die Be-

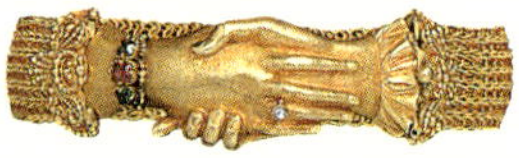

Die verbundenen Hände, Teil eines goldenen Armreifs aus dem frühen 19. Jahrhundert, sind ein uraltes Symbol. Sie verkörperten einen gesetzlichen Vertrag und standen für Glauben und Liebe; das Motiv wird oft für Liebesschmuck verwendet.

»Frühling« von Constantine Manos zeigt einen Mann, der seine Liebste mit einer einzelnen Rose, dem romantischsten aller Liebesgeschenke, überraschen will.

stätigung einer Beziehung sein. In Shakespeares »Ein Sommernachtstraum« beschuldigt der zurückgewiesene Egeus seinen Rivalen, er habe Hermias Gunst nur durch Geschenke gewonnen: »... den Abdruck ihrer Phantasie / Mit Flechten deines Haares, buntem Tand, / Mit Ringen, Sträußen, Näschereien, ...«. Das Verlangen, den geliebten Menschen mit einem unerwarteten Geschenk zu überraschen, ist ein klassisches, nicht völlig selbstloses Symptom der Liebe. Parfüm, Schmuck, Bücher und Kleider sind seit jeher ebenso beliebt wie Musikgeschenke – vom einfachen Ständchen bis hin zur neuesten CD. Sogar vergängliche Geschenke wie Leckereien können eine wichtige Rolle spielen. Cleopatra ordnete angeblich an, stündlich ein Wildschwein zu rösten, um für die Heimkehr ihres geliebten Mark Anton jederzeit gerüstet zu sein.

Zwei von Amors Pfeil durchbohrte Herzen sind ein auf der ganzen Welt bekanntes Symbol der Liebe. Diese Lackschatulle kommt aus Olimala in Mexiko.

Die Herzform ist mittlerweile ein Synonym für das Wort »Liebe« und ersetzt es oft auf T-Shirts und Aufklebern.

Auch heute ist die Liebe voller Andenken, vielleicht, weil wir mehr denn je unsere Gefühle bekräftigen wollen. Ein Geschenk von einer geliebten Person oder etwas, das er oder sie getragen hat, kann zu einem Heiligtum werden. Das Foto in der Geldtasche ist eine zeitgemäße Form des kleinen Porträts, das Liebende früher austauschten.

Ist meine Liebe ein Licht? Ein ruhiges Licht,
Eine Lampe, in deren blassem Schein ich über alten
Liebesbüchern träume? Oder ist sie ein Schimmer,
Eine Laterne, die von einem fernen, dunklen Berg
Auf mich zukommt? Ist meine Liebe ein Stern,
Der hoch am Himmel kalt erstrahlt?

Das Feuer tanzt. Ist meine Liebe ein Feuer,
Das kühn in die trübe Dämmerung stürzt?
Nein, das würde mich erschrecken. Ich bin zu kalt
Für Liebesglut. Der goldne Glanz
Auf diesen Blütenblättern
Ist mehr nach meines Herzens Sinn.

Die Blumen schließen sich. Von der Sonne
Vergessen, wachsen sie im schattigen Wald,
Wo dunkle Bäume ihre Schattenspiele
Treiben. Wer wird sie leuchten sehen
Wenn mein Traum geträumt ist? Ach, Liebster,
Finde sie, pflücke sie mir alle.

Katherine Mansfield (1888–1923), »Geheime Blumen«

In ihrer Schönheit wandelt sie
Wie wolkenlose Sternennacht;
Vermählt auf ihrem Antlitz sieh
Des Dunkels Reiz, des Lichtes Pracht:
Der Dämmrung zarte Harmonie,
Die hinstirbt, wenn der Tag erwacht.

Kein Licht zuviel, kein Schatten fehlt –
Sonst wär's die tiefe Anmut nicht,
Die jede Rabenlocke strählt
Und sanft verklärt ihr Angesicht,
Wo hold und hell die Seel erzählt
Von lieben Träumen, rein und licht.

O diese Wang, o diese Braun,
Wie sanft, wie still, und doch beredt,
Was wir in ihrem Lächeln schaun!
Ein frommes Wirken früh und spät,
Ein Herz voll Frieden und Vertraun,
Und Lieb, unschuldig wie Gebet.

Lord Byron (1788–1824), »In ihrer Schönheit wandelt sie«

Das Liebeswerben

Dieses Tafelbild aus dem »Buch der Stunden von Charles von Angoulême« zeigt die Freuden des Frühlings. Im mittelalterlichen Frankreich galt das Werben als ein beliebter Zeitvertreib mit genauen Regeln.

Die komplizierten und sich immer ändernden Regeln westlichen Liebeswerbens basieren auf dem vagen Verdacht, Männer könnten mehr aus sexuellem Interesse denn aus Liebe handeln. »Männer sind in Schwüren stark, doch in der Liebe schwach«, sagt Viola zu Orsino in Shakespeares »Was ihr wollt«. Das Liebeswerben ist im Grunde genommen eine Zeit der Prüfung, der die Schwüre eines Mannes standhalten müssen.

Die Traditionen des Werbens reichen bis ins 12. Jahrhundert zurück, als der südfranzösische Adel nach arabischen und maurischen Vorbildern die Kunst der höfischen Liebe entwickelte. Diese neue romantische Mode war teils ein elegantes Schauspiel, teils ein angenehmer Zeitvertreib für gelangweilte Ehefrauen und vorübergehend müßige Jünglinge. Hofdamen konnten ihre Koketterie erproben, ohne das Risiko einer verbotenen Affäre einzugehen, und ihre männlichen Vasallen hatten Gelegenheit, Charme und Witz zur Schau zu stellen. Die Rolle der Liebe als sanftes Druckmittel der Frauen, als Test für die Tugend der Männer und als Quelle prägender Erfahrung hat seither die romantische Literatur bestimmt.

Ein beliebter Zeitvertreib des Adels im 18. Jahrhundert war es, sich als arkadische Schäfer zu verkleiden und sich eleganten Flirts hinzugeben.

Mit der Zeit wandelte sich das Liebeswerben von einem angenehmen Zeitvertreib zu einem Vorspiel für die Ehe und diente immer mehr dazu, die gesellschaftliche und materielle Eignung eines Werbers zu überprüfen. Ihren Höhepunkt erreichte die Etikette der richtigen Brautwerbung in der vornehmen Gesellschaft des

19. Jahrhunderts. So mußten Freier und Brautvater beim Heiratsantrag schwarzweiße Handschuhe tragen. Gleichzeitig verlor die Zustimmung der Eltern jedoch langsam aber sicher an Bedeutung; die Paare fanden immer häufiger von selbst zueinander und heirateten aus Liebe.

Dafür wurden neue Regeln notwendig, die man am deutlichsten in den USA verfolgen kann. Die Liebesprüfungen verlagerten sich aus der Öffentlichkeit in die Privatsphäre der Liebenden. In amerikanischen Liebesbriefen aus dem 19. Jahrhundert wechselten sich Zweifel, Prüfung und Ermunterung ständig ab, da die Frauen die Freier auf die Probe stellten. Diese emotionalen Prüfungen, die in den Romanen von Jane Austen angedeutet werden, legten die neuen Regeln des Liebeswerbens fest.

Die Rendezvous-Rituale der 50er Jahre waren ähnlich. Hinter dem heiß erwarteten Schulball mit gestylten Frisuren und Abendkleidern, glänzenden Smokings und frisch gewaschenen Gesichtern verbarg sich eine verkürzte Prüfung. Seither wurden vor allem die sexuellen Hemmschwellen eingerissen, und so geht es mittlerweile in unseren westlichen Gesellschaften beim Liebeswerben weit weniger förmlich zu. Ist aber wirklich Liebe im Spiel, so besteht der gewaltige Unterschied zu früher darin, daß sich Männer und Frauen immer mehr auf gleicher Basis prüfen.

Goyas »Der Sonnenschirm« zeigt eine gelassene junge Frau, der ein Diener den Sonnenschirm hält. Ihr verstohlener Blick und der hochgehaltene Fächer lassen darauf schließen, daß sie eine vollendete Flirterin ist.

AUS »DAS PRÄLUDIUM«

Die Wonne, jeden Tag zur schönsten Zeit
Durch Wälder und Wiesen zu wandern mit der Liebsten,
Wenn wir noch jung im Herzen sind,
Wenn wir noch mit jedem Atemzug
Glück erfassen.

William Wordsworth (1770–1850)

Der Antrag

Der Heiratsantrag ist wohl das ergreifendste Liebesritual von allen. Dieser Augenblick ist mit mehr Spannung geladen als die Hochzeit selbst, und es ist ungeheuer wichtig, wie und wo er stattfindet. Ein Antrag setzt einen gewaltigen Vertrauensvorschuß voraus, da er ebensowenig wie der erste Kuß zuvor ausprobiert oder rückgängig gemacht werden kann. Zu keinem Zeitpunkt der Beziehung ist man so verwundbar, alle Zukunftspläne hängen von der Antwort ab.

Der Heiratsantrag ist ein Gefühlsdrama unserer westlichen Welt, da man sich bei den arrangierten Ehen des Ostens darauf verläßt, daß sich das Paar während der Verlobung verliebt und nicht davor. Viele westliche Traditionen stammen aus dem 19. Jahrhundert, als zitternde Männer der Angebeteten, die sie oft kaum kannten, ihre Gefühle gestanden. Die bohrende Unsicherheit zeigte sich in Stammeln oder auch ungeschickten Formulierungen wie der wunderbar schroffen Liebeserklärung »Barkis ist willig« aus Charles Dickens Roman »David Copperfield«. Natürlich sind nicht alle Anträge erfolgreich. Manchmal ist die Anspannung so groß, daß die Worte unausgesprochen bleiben. Eines der treffendsten Beispiele findet sich in »Anna Karenina«, als Koschinischew Warenka einen Antrag machen will, obwohl er seiner verstorbenen Geliebten ewige Treue schwur: Ihre roten Wangen zeigen, daß sie einen Antrag erwartet, »aber statt die richtigen Worte zu sagen, verleitete ihn irgendeine abartige Überlegung zu der Frage. ›Was ist der Unterschied zwischen einem weißen Röhrenpilz und einem Birkenschwamm?‹« Beide wußten, daß der richtige Moment unwiederbringlich und für immer verloren war.

Die Illustration »Oui!« aus einer Modezeitschrift aus dem Jahr 1921 fängt den Augenblick ein, in dem sich zwei Liebende beim Tanz das Heiratsversprechen geben.

Heutzutage werden Heiratsanträge in einem weitaus intimeren Rahmen vorgebracht. Die emotionale Herausforderung ist aber immer noch dieselbe. Trotz unserer angeblichen Fortschrittlichkeit ist und bleibt der Heiratsantrag ein Augenblick köstlicher Unbeholfenheit.

Diese Darstellung einer Verlobung zeigt Amor mit verbundenen Augen, als er einen Liebespfeil auf die Prinzessin abschießen will. Weitere Freier warten gespannt auf ihre Reaktion.

Der Ring

Der Ring ist eine der ältesten Liebesgaben. Ursprünglich diente er als Siegel und war ein Zeichen von Macht, wurde aber dann auch zu einem Symbol für Vollständigkeit, Beständigkeit und Einheit. Die frühen Verlobungsringe der Römer bestanden aus Eisen und waren in der Form zweier verschlungener Hände gefertigt, was für den Austausch gesetzlicher Schwüre stand. Die ersten christlichen Eheringe, die Mitte des 9. Jahrhunderts auftauchten, wurden angeblich auf einem Finger der rechten Hand getragen, manchmal sogar auf dem Daumen. Erst ab dem 16. Jahrhundert wurden sie auf den linken Ringfinger beschränkt, aus physiologischen Gründen, wie Henry Swinburne 1680 schrieb: »Laut wissenschaftlich anerkannter Meinung, gewonnen durch das Sezieren und Analysieren menschlicher Körper, gibt es eine Vene, die sogenannte *Vena armoris*, die von diesem Finger zum Herzen führt.« Andere hielten die linke Hand einfach für praktischer.

In »Das Maß für den Ehering« überprüft ein Verlobter liebevoll die Größe des Ringfingers seiner Liebsten.

Der schlichte Goldreif als Ehering geht auf keltische Zeiten zurück. Seine klassische Einfachheit hat sich gegen prächtigere Formen durchgesetzt und die symbolische Beständigkeit von Gold, das alle Prüfungen übersteht, wurde zum Zeichen für ewige Liebe.

Verlobungsringe sind meist aufwendiger gearbeitet. Im Europa der Renaissance enthielten die Ringe Kästchen, mit winzigen Herzen oder anderen Liebesgaben. Die *Jemmelringe* des 16. Jahrhunderts bestanden aus ineinandergreifenden Teilen, die das Paar bei der Verlobung auseinanderbrach und am Hochzeitstag wieder symbolisch zusammenfügte.

Ein Jahrhundert später brachte der italienische Barock den aufwendigen *Giardinetto*-Ring (»Kleiner Garten«) hervor. Seine zierlichen Blumenmuster symbolisierten die verschlungenen Gefühle zweier Liebender, die reich oder verliebt genug waren, um ihre Leidenschaft auf so extravagante Weise zur Schau zu stellen.

Die reiche und gemeinhin verstandene Sprache der Edelsteine gab einem Ring noch zusätzliche Bedeutung. Jeder Stein war eng mit einer Facette der Liebe verbunden: Rubin stand für Leidenschaft, Smaragd für Aufrichtigkeit, Granat für Beständigkeit, Amethyst für die Liebesgöttin Venus und Diamant für die Unauflösbarkeit der Ehe. Daher zierte der Diamant häufig den Ewigkeitsring, der nach der Hochzeit – oft bei der Geburt eines Kindes – geschenkt wurde. Ringe können auch öffentlicher Ausdruck von Liebe und Wohlstand sein, wie bei Richard Burton, der Elizabeth Taylor den größten Diamantring der Welt schenkte. Doch vielleicht sind gerade die Ringe für ihre Besitzer am wichtigsten, die im geheimen verehrt, aber nie öffentlich getragen werden. Oft sind sie mit Erinnerungen an eine durch Tod oder widrige Umstände verlorene Liebe verbunden. Nach dem Tod des scheinbar so unromantischen Wilhelm von Oranien stellte man fest, daß er an einem Band jenen Goldring trug, den er einst seiner Frau Maria geschenkt hatte und der immer noch mit einer Locke ihres Haares versehen war.

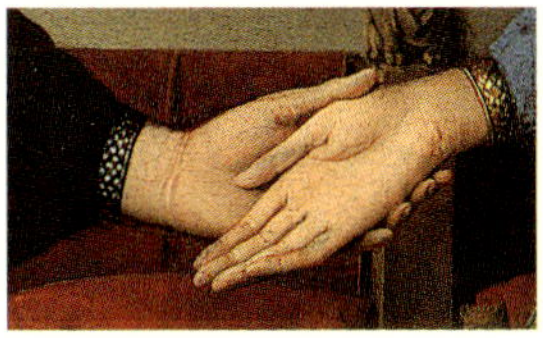

Das Bild »Micer Marsilio und seine Gemahlin« von Lorenzo Lotto aus dem 16. Jahrhundert zeigt ein wohlhabendes Paar aus guter Gesellschaft bei der Verlobung. Amor, der Gott der Liebe, sieht zufrieden zu, wie das Mädchen den Ring erhält.

Die Hochzeit

Die Frage, ob eine traditionelle Hochzeit etwas mit der Sprache der Liebe zu tun habe, tauchte erst im 20. Jahrhundert auf. In unserer Gesellschaft, in der die Liebe immer stärker als Privatangelegenheit gilt, erscheinen die aufwendigen Heiratsrituale im Widerspruch zu ihrem intimen Charakter zu stehen. Hochzeiten werden allzuoft von peinlichen Verwandten oder der Zurschaustellung des materiellen und gesellschaftlichen Status' beherrscht. Dennoch ist eine traditionelle Eheschließung immer noch ein symbolträchtiges Schauspiel.

Hochzeitsgeschenke wie dieser griechische Polsterüberzug aus dem 18. Jahrhundert sind seit jeher wichtige Gaben. Sie übermitteln dem frisch vermählten Paar Wünsche für zukünftigen Wohlstand.

Über Jahrtausende galt die Heirat als ein formeller Übergangsritus, der zu einem Schauspiel wurde. In frühen Gesellschaften, wo die Ordnung der Gemeinschaft mit der Harmonie in der Natur verbunden war, hatten Heiratsriten eine heilige Bedeutung, da sie die Fortsetzung des Lebens zu garantieren schienen. Die Heiratsbräuche der meisten Völker sind reich an Fruchtbarkeitssymbolen. Ein Beispiel dafür ist unser Brauch, den Hochzeitsstrauß in die Menge zu werfen, dem Paar Reis zu streuen oder beim Anschneiden der Hochzeitstorte zu applaudieren. In Japan werden viele Hochzeiten immer noch feierlich von Shinto-Priestern oder *Kannushi* vollzogen, was die enge Verbindung dieser antiken Religion zu Fruchtbarkeit und Erneuerung zeigt.

AUS »DIE BRAUT«

Endlich sagt die Welt ja;
Sie wünscht mir Rosen und Söhne.
Meine Freunde stehen scheu an der Tür
Mit ihren Liebesgaben.

Hemden in Zellophan,
Teller, Blumen, Spitzen ...
Sie küssen mich und staunen,
Daß ich nun Ehefrau sein werde.

Bella Achmadulina

Bei einer hinduistischen Zeremonie werden dem Feuergott Agni Reiskörner und Butter als Symbole für Fruchtbarkeit und Wohlstand geopfert; als Gegenleistung bezeugt der Gott die Schwüre des Paares. In der hinduistischen Tradition ist das Sakrament der Ehe oder *Vivaha* eine der vier wichtigen Lebensstufen; es steht am Beginn der gemeinsamen Verantwortung für die Zeugung und Erziehung der Kinder. Ein formeller Siebenschrittanz bekräftigt offiziell die Verbindung des Paares und bestärkt ihre Hoffnungen auf eine fruchtbare, glückliche Ehe.

Auch im weltlichen Umfeld sind Ehegelübde ernst, und eine fehlgeschlagene Ehe ist immer noch schmerzvoll, vor allem, wenn das Paar Kinder hat. Walter de la Mare beschreibt die emotionale Macht des Ehebündnisses: »Die Brücke zwischen ›ledig‹

Verwandte und Freunde zu einem Hochzeitsmahl einzuladen, ist Tradition bei den meisten Völkern. Botticellis »Das Hochzeitsmahl« zeigt ein aufwendiges Festessen bei dem Männer und Frauen an getrennten Tischen sitzen.

und ›verheiratet‹ überspannt den wichtigsten Rubikon des Lebens. Sie zu überschreiten, ist einfach, zurückzukehren dagegen nicht.« Vereinfachte Scheidungsgesetze haben daran in emotionaler Hinsicht nichts geändert.

Obwohl sich Form und Stil von Hochzeiten stark unterscheiden können, dienen sie dennoch demselben Zweck: die Verbindung zweier Menschen, die durch einen Ehevertrag bestätigt wird, mit möglichst vielen gesellschaftlichen, religiösen, magischen und gesetzlichen Ritualen zu bekräftigen. Die Gesetze, Pflichten, Schwüre und Bräuche dieser unverbesserlich optimistischen Zeremonien sollen die Ehe beständig und fruchtbar machen, auch wenn wir uns der Flatterhaftigkeit des Herzens bewußt sind. Die schönsten Hochzeiten sind persönlich und nicht formell; Verwandte und Freunde können am gemeinsamen Glück teilhaben. Die Schaffung neuer, reizvoller Formen ist ein Tribut an die menschlichen Mächte der Liebe und der Phantasie.

Dieser Holzschnitt von Eric Gill zeigt ein eng umschlungenes Paar. Gemeinsam bilden sie ein Herz.

Ich würde gerne mit dir
In irgendeiner Kleinstadt leben,
In immerwährender Dämmerung
Und dem endlosen Klang der Glocken.
Und im Hotel der kleinen Stadt
Das dünne Schlagen
Einer alten Uhr,
Wie kleine Tropfen Zeit.
Und manchmal, abends, aus einer Dachwohnung
Eine Flöte,
Ein Flötenspieler an einem Fenster
Und große Tulpen an den Fenstern.
Und wenn du mich nicht liebtest, würde es mich gar nicht kümmern.

Marina Cvetaeva (1892–1941)

et
STOPPAGE
REMAILLAGE
COUTEL

Archetypen der Liebe

Hinaus flog ihr Gewebe ach,
Der Spiegel barst mit lautem Krach.

ALFRED LORD TENNYSON (1809–1892), »DIE DAME VON SHALOTT«

Carl Jung formulierte die Theorie des kollektiven Unterbewußtseins, derzufolge wir kulturelle Archetypen erben, die mehr oder weniger konstante Wünsche und Ängste verkörpern und die menschliche Psyche beeinflussen. Die traditionelle Liebe und die Geschichten, die sich darüber in Literatur, Mythologie und Märchenwelt finden, scheinen mit dem modernen Leben nicht viel zu tun zu haben. Dennoch finden wir sie interessant, da sie grundlegende emotionale Probleme behandeln. So gesehen kommt ihnen durchaus eine symbolische Kraft zu, die uns unsere Gefühle erklären kann.

Archetypische Geschichten sind eine Art Spiegelbild der Liebe; sie dramatisieren und lösen zugleich ihre grundlegenden Versuchungen und Herausforderungen auf. Natürlich besteht auch die Gefahr, daß man einem Archetyp völlig verfällt: Tennysons Dame von Shalott durfte sich z. B. nicht von ihrem Spiegel oder dem Webstuhl, auf dem sie seine Bilder webte, entfernen. Als sie sich dennoch abwendete, um den schönen Lanzelot anzusehen, brach ihre idealisierte Welt zusammen.

Der Gott der Liebe

Venus, die Göttin der Liebe, galt als Amors Mutter. Gemeinsam beherrschten sie die Gefühle der Menschen.

Eros, der Gott der Liebe, wurde erstmals vom griechischen Dichter Hesiod im 8. Jahrhundert v. Chr. beschrieben. In Hesiods »Theogonie« war Eros einer der ersten Götter, die aus dem Chaos entstanden. Er verkörperte ein grundlegendes Lebensprinzip – das unerbittliche, amoralische Verlangen nach Vereinigung: »der schönste aller unsterblichen Götter, der die Glieder erschüttert und Verstand und Vernunft in der Brust von Göttern und Menschen besiegt.«

Bei den Griechen stand Eros für die Macht und Dringlichkeit der Liebe und nicht für zarte Sinnlichkeit oder Vergnügen. Letztere wurden in der Weiblichkeit von Aphrodite verkörpert, die in den großen Epen Homers die wichtigste Liebesgottheit war. In seinem Werk »Symposion« gab Plato dem Gott seine ursprüngliche Autorität zurück, jedoch versuchte er auch, den Einfluß des Eros vom sexuellen Verlangen der Menschen zu trennen. Der Gott verkörperte eine verfeinerte, überirdische Liebe, ein imaginäres Ideal, das Liebende seither immer wieder fasziniert und verwirrt hat.

Eros wurde später immer stärker mit dem Vorgang des Verliebens in Verbindung gebracht. Mit seinen Pfeilen unwiderstehlichen Verlangens brachte er Leidenschaft unter die Menschen und Götter. In der römischen Mythologie nahm seine Rolle Venus' Sohn Amor ein. Er war nun nicht mehr eine grundlegende kreative Kraft, sondern eher ein schelmischer Bub, der seine Pfeile ohne Rücksicht auf die Gefühle der betroffenen Menschen abschoß. Der mutwillige Amor war für seine Wahllosigkeit bekannt. Seine Willkür wurde im Mittelalter oft durch eine Augenbinde dargestellt. Der »kleine blinde Schütze« in Shakespeares »Romeo und Julia« war ein weitverbreitetes Symbol für herzlosen und unmoralischen sexuellen Zwang.

Bronzinos »Venus, Amor, Eifersucht und die Zeit« zeigt einen würdelosen, berechnenden Gott der Liebe, der sinnliche Spiele mit der eigenen Mutter treibt. Das Bild aus dem 16. Jahrhundert warnt vor den Gefahren der Promiskuität.

Die Göttinnen der Liebe

Schon zu hellenistischen Zeiten wurde der griechische Liebesgott Eros der Göttin Aphrodite untergeordnet. Üblicherweise wurde er als schelmischer Bub dargestellt.

Die Liebesgöttinnen entstanden früher als Eros und tauchten in zahlreichen mythologischen Gestalten auf. Die frühesten sind die Fruchtbarkeitsgöttinnen, Darstellungen der Mutter Erde, von der alles Leben kommt. Die Wildheit der Natur zeigte sich in der Doppelrolle antiker Göttinnen: Die sumerische Ishtar und die phönizische Astarte wurden sowohl mit Krieg als auch mit Liebe und dem Planeten Venus in Verbindung gebracht. Devi, die älteste Göttin der Hindus, wird heute noch als eine Gottheit verehrt, die Leben schenkt und zerstört. Diese extremen Eigenschaften zeigen sich in Devis Manifestationen als Parvati, der »himmlischen« Frau und Geliebten Shivas, und als schreckliche »dunkle« Kali.

Die älteste Liebeslyrik wurde wahrscheinlich von der ägyptischen Göttin Hathor inspiriert. Sie stand für die sanfte, kreative Macht der Liebe und Fruchtbarkeit, die sich in der Mutterschaft und in der Sexualität ausdrückt. Die griechische Mythologie vereinigte die Eigenschaften früherer Göttinnen in der bezaubernden Aphrodite, dem Archetyp sinnlicher Liebe. Hesiod verehrte die schöne Aphrodite als eine »humorvolle« Göttin, deren Einfluß sich »im Flüstern der Mädchen, im Lächeln und Necken, in süßen Vergnügungen und der sanften Zartheit der Liebe« zeige. In der Darstellung als Aphrodite Pandemos ist die Göttin mit Hephäst, dem Götterschmied und kreativen Intellektuellen, verheiratet. Diese Version der Aphrodite stellte vor allem die sexuelle Seite der Liebe dar, was auf ihre ursprüngliche Rolle als Fruchtbarkeitsgöttin zurückgeht. Sie war irdisch und göttlich, und ihr extravaganter Charakter verkörperte, was die Menschen immer schon faszinierte: die mutwilligen Schwankungen in der Liebe.

MADRIGAL 52

Als Dianas Freier, wie von ohngefährte,
sie völlig nackt im Wasserfall erblickte,
gefiel wahrscheinlich sie ihm nicht so sehre,
wie meine Hirtin mir, die Ungeknickte,
in dem Begriff, ihr Hüetel zu wringen,
darein sie sonst das blonde Haar verstrickte:
so daß die Glieder, die vom Sommer hingen,
vor Liebesfrost mir an zu zittern fingen.

Francesco Petrarca (1304–1374)

Bei Homer war Aphrodite eine »süße und einnehmende Göttin«, aber sie war auch eifersüchtig und untreu. Sie versuchte den schönen Jüngling Adonis zu verzaubern. Als dieser Versuch fehlschlug und sie erkennen mußte, daß er gegen ihren Zauber immun war, zeigte sich ihre besitzergreifende, rücksichtslose Seite. Trotzdem galt die Göttin seit dem 4. Jahrhundert. v. Chr, als der Bildhauer Praxiteles seine sinnliche »Knidische Aphrodite«

Botticellis »Die Geburt der Venus« zeigt eine Version ihrer Geburtsgeschichte: Sie entstand aus den feinen Schaumkronen des Meeres und wurde bei Paphos an Land gespült.

schuf, als Archetyp weiblicher Schönheit. Obwohl sie sich mit drei sanften, lächelnden Zofen umgab, reagierte sie alles andere als sanft, wenn sie ein Sterblicher beleidigte. So bestrafte sie Hippolytos, der ihre Rivalin Artemis verehrte, indem sie Phaedra, seine Stiefmutter, unsterblich in ihn verliebt machte.

Wie alle griechischen Sagen zeigen auch die Geschichten über Aphrodite menschliche Emotionen auf höherer Ebene. Immer schon war die Göttin mehr als nur ein schönes, tugendhaftes Ideal. Sie war auch verantwortlich für die grausame Seite der Liebe und mußte einen Teil der Schuld für Betrug, Untreue und seltsame Gelüste, die oft mit menschlichem Verlangen Hand in Hand gehen, auf sich nehmen.

Die Magie der Liebe

Die mächtige Wirkung der Liebe mit ihrer blendenden Plötzlichkeit und Intensität erschien allzeit wie ein Zauber. Immer schon wollten Romantiker glauben, daß ihre Liebe vorbestimmt oder schicksalhaft sei. Als sich Liebende nicht mehr auf Amor oder Liebesgötter berufen konnten, dienten Astrologie, Magie oder Schicksal – das arabische *Kismet* – als mystische Bestätigung ihrer Wahl.

Auch aus der Literatur erfahren wir, daß Liebestragödien vorbestimmt sind. Welche Chance hatten Romeo und Julia? Welche Wahl blieb Tristan und Isolde? Auf dem Weg zu Isoldes Hochzeit mit Tristans Onkel und Herrn, König Mark von Cornwall, wurde den beiden versehentlich ein Liebestrank vorgesetzt, der den zukünftigen Eheleuten »ein Leben, einen Tod, eine Freude, ein Leid« bringen sollte. Stattdessen verdammte er Tristan und Isolde zu schuldvoller Liebe und schlußendlich zum Tod. Der schicksalhafte Trank war Symbol für die überwältigende Wirkung von Liebe und Verlangen. In unserem Jahrhundert zweifelt der Schriftsteller Laurence Binyon an seiner Macht und huldigt der Kraft der Liebe: »Kein Trank, kein Spruch, kein Mittel, / nicht Zauber, nicht Magie / könnt schneller noch erwecken / die Lieb' in mir für sie«.

Auch in der Sagen- und Märchenwelt wird nach magischen Erklärungen für die Geheimnisse der Liebe gesucht, damit die Wünsche in Erfüllung gehen. In arabischen Märchen kommt dem Wundergeist aus der Flasche eine eindeutig erotische Bedeutung zu.

Dieses deutsche Gemälde aus dem 15. Jahrhundert mit dem Titel »Der Liebeszauber« zeigt eine Hexe, die durch Zauberei ihren Liebsten an sich binden will. Über Jahrhunderte glaubte man, daß durch Zaubertränke Verlangen erweckt werden kann.

Unbewußtes und bewußtes Verlangen füllen Dramen seit jeher mit Hexerei, Zauber, Verwandlung und dem Bruch physikalischer Gesetze; besonders, wenn an gesellschaftlichen Tabus gerührt wurde. Die Ereignisse in solchen Geschichten sind voll psychologischer Bedeutung und entwickeln sich wie in einem Traum, wo die Liebe einfach und schön erscheint.

Liebe auf den ersten Blick kann eine magische Wandlung oder eine komische Täuschung sein. Shakespeare verspottete ihre Auswirkungen in »Ein Sommernachtstraum«, wo Oberon die Zauberwirkung des Saftes einer Blume namens Lieb'-im-Müßiggang anpreist. Wird er auf die Augenlider gerieben »... macht er Mann und Weib in jede Kreatur, die sie zunächst erblicken, toll vergafft«. Titanias hartnäckige Begeisterung für Zettel, dem durch Zauber ein Eselskopf wuchs, ist eine Parodie auf die blinde Liebe. Der Glaube, daß Aphrodisiaka, Zauber oder die Sterne die Liebe beeinflussen können, schwindet nur langsam. Diese geheimnisvolle Kraft scheint zu wichtig zu sein, um sie allein menschlichen Launen zu überlassen, und nur das Schicksal kann, wie Hermia sagt, Liebende zusammenführen: »Wenn Leid denn immer treue Liebe traf, / So steht es fest im Rate des Geschicks ... / Wie Träume, Seufzer, stille Wünsche, Tränen, / des armen Kranken Leidenschaft Gefolge.«

Die Geheimnisse des Herzens faszinieren uns auch noch in unserem nüchternen, skeptischen Zeitalter. Egal, ob Liebende von heute die Verträglichkeit ihrer Tierkreiszeichen prüfen oder mit Kräutern alte Liebe neu beleben wollen, sie reagieren dabei auf die irrationale Kraft eines Gefühls, das sich jeglicher Logik und Kontrolle entzieht.

Mythologische Geschöpfe wurden oft für den Verlust oder die Untreue eines geliebten Menschen verantwortlich gemacht. Gustav Klimts Gemälde »Wasserschlangen I« zeigt eine Frau in den Fängen eines Meeresungeheuers.

Die Macht der Schönheit

Schönheit hat im Laufe der Jahrhunderte die unterschiedlichsten Gefühle hervorgerufen, von Hingabe bis zu Mißtrauen, von Schmerz bis zu Entzücken. Ihre Wirkung auf die menschliche Phantasie ist enorm und verleiht dem Besitzer eine große emotionale Kraft. Ein hübsches Gedicht von Wallace Stevens mit dem Titel »Die Verschwörung gegen den Riesen« beschreibt, wie drei Mädchen unter Einsatz subtilster Mittel die Kontrolle über ihren Gegner bekommen. Eines von ihnen verkündet »Ich laufe vor ihm her / in fliegenden, farbenprächtigen Gewändern, / die so dünn sind wie Fischeier / und ihn beschämen werden«. Zartheit und Grazie sind mehr als das weibliche Gegenstück zu männlicher Stärke. Verbunden mit wahrer körperlicher Schönheit beenden sie alle Kämpfe, denn die Schönheit besiegt alles.

Obwohl sich die Geschmäcker mit jeder Generation verändern, hat das griechische Schönheitsideal die westliche Kultur während der letzten 2 000 Jahre maßgeblich beeinflußt. Sir Frank Dicksees Porträt »Miranda« aus dem 19. Jahrhundert zeigt eine englische Lady im Gewand einer griechischen Göttin.

Die potentielle Gefahr weiblicher Anmut wird in der Sage über Helena von Troja deutlich. Homer machte in seinem Epos »Ilias« ihre Lieblichkeit für den verheerenden Krieg um Troja verantwortlich. Ausgelöst wurde er von dem Schönheitswettbewerb zwischen den Göttinnen Aphrodite, Athene und Hera. Zum Schiedsrichter bestimmt, bekam der trojanische Prinz Paris von allen dreien verführerische Bestechungsangebote. Aphrodite versprach ihm die schönste Frau der Welt, und so erkannte er ihr den Schönheits-Apfel zu. Abmachungsgemäß veranlaßte Aphrodite Helena, die Königin von Sparta, Paris nach Troja zu folgen. Zehn Jahre dauerte der wütende Kampf der Spartaner um die abtrünnige Frau, bis Troja fiel.

Diese indische Miniatur zeigt, wie Krishna von Radhas Schönheit ergriffen wird.

AUS »DIE TRAGISCHE HISTORIE VOM DOKTOR FAUSTUS«

Oh, du bist schöner als der Abendhimmel
im schönsten Kleide seiner tausend Sterne,
bist strahlender als Zeus, wie er Semelen
in Flammenpracht erschien, der Unglückseligen,
liebreizender noch als der Herr des Himmels
umkost von Arethusas Azurarmen –
du, einzig sollst meine Liebste sein!

Christopher Marlowe

Diese fast dreitausend Jahre alte Geschichte ist eine epische Metapher auf die ambivalente Beziehung zwischen Schönheit und Liebe und die verheerende Wirkung, die sie in einer Ehe haben kann. Große Schönheit kann Verlangen, Eifersucht oder Betrug hervorrufen, kann zu Rivalität, Streit und Krieg führen. Im Laufe der Geschichte hat die Wirkung der Schönheit oft das Schicksal ganzer Königreiche beeinflußt. »Wäre Cleopatras Nase ein wenig kürzer gewesen, hätte die Welt vielleicht anders ausgesehen«, schrieb der französische Philosoph Blaise Pascal.

Pascal spricht einen wichtigen Aspekt an: Die magische Kraft der Schönheit kann von einem unwiderstehlichen Detail abhängen. Darüber hinaus wird sie bei Männern wie bei Frauen auch von der Persönlichkeit und den jeweiligen kulturellen und ästhetischen Modeerscheinungen bestimmt. Man muß nur die runden Bäuche, dünnen Arme und kleinen Brüste mittelalterlicher Schönheiten mit Rubens Darstellungen von vollbusigen, üppigen Göttinnen vergleichen, um zu sehen, wie sich Schönheitsideale verändern. Was bleibt, ist der Wunsch nach Schönheit und die Faszination und der Zauber, denen der Betrachter erliegt. »Was ich je an Schönem sah«, schrieb John Donne, »was ich gewollt, erlangte, / war bei dir sein im Traum so nah.«

Antonio Correggios Gemälde »Jupiter und Io« beschreibt die Geschichte der schönen Priesterin von Argos, in die Jupiter (Zeus) sich verliebte. Der Gott verwandelte sie in eine Färse, um sie vor der Eifersucht seiner Frau Juno (Hera) zu schützen.

Die Kurtisane

Als Manets kompromißloses Bild »Olympia«, das eine Prostituierte und ihre Magd zeigt, erstmals im Pariser Salon von 1865 ausgestellt wurde, erregte es einen Skandal in der Kunstwelt. Der kühne, provokante Blick des Modells verunsicherte mit seinem Ausdruck sexuellen Selbstbewußtseins die zeitgenössischen Betrachter.

Die Kurtisane scheint auf den ersten Blick das Gegenteil der Liebe zu verkörpern, doch hat ihre Geschichte auch viele romantische Seiten. Angefangen bei den *Hetären* des alten Griechenlands bis hin zu den mächtigen Königsmätressen des 17. Jahrhunderts standen Kurtisanen häufig im Mittelpunkt idealisierter Liebe und starker Emotionen. Oft bekamen sie jene Liebe, die in vielen arrangierten Aristokratenehen fehlte; obwohl die Liebe sicherlich nicht das wichtigste war, was Männer in solchen Verbindungen suchten.

Eine wahre Kurtisane war weit mehr als eine schöne Prostituierte. Im Japan des 17. Jahrhunderts gab es die *Oiran,* hochgebildete Frauen, die Meisterinnen der Musik und Lyrik sowie der Liebeskünste waren. Die griechischen *Hetären* durften gesellschaftlich mit Männern verkehren und hatten oft weit mehr Einfluß auf ihre Begleiter als ihre Ehefrauen. Der griechische Philosoph Xenophon behauptete, daß ihm die Hetäre Diotima all das beigebracht habe, was er über die Liebeskunst wisse; und die Hetäre Phryne inspirierte mit ihrer Anmut unter vielen anderen auch den berühmten Bildhauer Praxiteles, berichtete Plutarch. Catull schrieb seine ergreifendsten Gedichte für »Lesbia«, was möglicherweise ein Pseudonym für Clodia Metelli, die berühmt-berüchtigte Ehefrau eines römischen Gouverneurs war.

Kurtisanen mögen so manche Ehe zerbrochen haben, doch inspirierten sie auch Künstler zu Meisterwerken, wie Verdi zu »La Traviata« und Manet zu dem faszinierenden Porträt einer arroganten, unverschämten Prostituierten, die er Olympia nannte.

Viele Kurtisanen waren gebildete Damen, die großen Einfluß und Prestige hatten. Roxelana Sultan, angeblich eine

Im präislamischen Assyrien, Persien und Ägypten gab es an den meisten Königshöfen einen Harem, der aus der Ehefrau des Herrschers, Konkubinen und Dienerinnen bestand. Ein Harem konnte ein hochpolitisches Forum werden, in dem die Frauen um Einfluß und Macht kämpften.

Kitagawa Utamaros Holzdruck »Liebende« aus dem 18. Jahrhundert gehört zu einer Reihe bemerkenswerter Porträts japanischer Frauen. Auf dem Höhepunkt seiner Karriere schuf Utamaro Bildnisse der Frau und der Konkubinen von Toyotomi Hideyoshi, dem obersten Militärbefehlshaber. Deshalb wurde er beschuldigt, die Würde des Herrschers verletzt zu haben, und mußte 50 Tage lang Handschellen tragen.

russische Sklavin, kontrollierte im 16. Jahrhundert den Harem von Suleiman dem Großen und beriet den mächtigen osmanischen Herrscher bei seinem Krieg gegen das ägyptische Sultanat. Eine berühmte *Cortigiana* der italienischen Renaissance war die Dichterin Tullia d'Aragona, eine Frau, deren philosophische Schriften die Köpfe und deren auffallende Augen die Herzen der Männer in Beschlag nahmen. In Frankreich verfielen Könige außergewöhnlichen Frauen, wie der Pompadour oder Diane de Poitiers, die sich die Macht der Liebe zunutze machten, um den Lauf der Geschichte zu beeinflussen.

DIE DREIGESICHTIGE

Nicht zwei Gesichter, drei hat sie.
Das erste unergründlich für die anderen,
Das zweite verloren in Selbstbetrachtung,
Das dritte, das Gesicht der Liebe, mit dem sie
Einst einen endlosen Moment lang zu mir
geblickt.

Robert Graves (1895–1985)

Das Wunschbild des Pygmalion

Den Partner unserer Träume zu treffen und uns in ihn zu verlieben, ist weit weniger wahrscheinlich als uns dies lieb ist. Wenn sich Jugendliche einen Idealpartner entwerfen, ist das Bild meist völlig unrealistisch. Mit einer reiferen Einstellung zur Liebe neigt man mehr dazu kleine Abweichungen davon zu akzeptieren. Die Suche nach dem Ideal beschäftigt unsere Phantasie und beherrscht seit jeher Märchen und Geschichten. In ihnen wird es möglich, sich das nicht vorhandene Ideal selber zu erschaffen.

Aubrey Beardsleys Illustration zur Bibelgeschichte von Salome und König Herodes entstand 1894 für Oscar Wildes »Salome«. Die wilde, aufwühlende Geschichte handelt von Salomes Leidenschaft für Johannes den Täufer, die sich in Haß verwandelt, als ihr Ideal ihre Liebe verschmäht.

So beschreibt etwa Ovids »Pygmalion« das menschliche Trachten, sich ein Liebesobjekt nach eigenen Vorstellungen zu formen. Der Bildhauer Pygmalion, schockiert vom schamlosen Benehmen der Frauen auf Zypern, schwor, niemals zu heiraten. All sein Sehnen nach reiner Schönheit verarbeitete er in eine Elfenbeinstatue. Sie war so lieblich und lebensecht, daß er sich prompt in sein Werk verliebte. Er bekleidete die Statue, bettete sie auf Federkissen, brachte ihr Geschenke, wie Muscheln, Steine, Vögel, Blumen und Bernstein, und streichelte sie mit großer Leidenschaft. Venus, die römische Göttin der Liebe, bekam Mitleid mit ihm. Das Elfenbein wurde zu Fleisch, das Blut begann zu pulsieren, und unter seinem Kuß öffnete die Statue die Augen.

Jean-Léon Géromes Gemälde »Pygmalion und Galatea« fängt den sinnlichen, magischen Augenblick ein, als die Statue zum Leben erwacht und ihren Schöpfer küßt.

George Bernard Shaws berühmte Komödie »Pygmalion« versetzte die Fabel in das frühe 20. Jahrhundert: Der egoistische Professor Higgins verwandelt Eliza Doolittle, eine Londoner Blumenverkäuferin, in eine feine Dame. Sie bricht jedoch sein Experiment ab, um ihr eigenes Leben zu führen. Dieses in psychologischer Hinsicht sehr überzeugende Ende ist typisch für solche Liebesbeziehungen. Sie schlagen oft fehl, da der narzistische, dominante Partner nur das liebt, was er in seiner Vorstellung erschaffen hat; so kann der andere weder eigenen Willen noch eigene Identität entwickeln. Die Musicalversion »My Fair Lady« kehrte dagegen zu Ovids beliebterem, aber weniger glaubhaftem Ende zurück.

Eine große Bühne für pygmalionsche Liebesbeziehungen findet sich in der Künstlerwelt, wo junge Stars nicht ge-

Das 20. Jahrhundert hat Filmstars und Popsänger zu äußerst mächtigen Ikonen des Verlangens gemacht. Andy Warhols Bild von Marilyn Monroe hat selbst schon Berühmtheit erlangt.

boren, sondern gemacht werden: Ihre Namen, Körper und Charaktere werden von älteren Managern neu geformt. Maurice Stiller z. B. war 41 Jahre alt, als er die 18jährige traf, die zu Greta Garbo werden sollte; Carlo Ponti lernte mit 37 Jahren die 16jährige Sophia Loren kennen. Erstere Beziehung dauerte nur kurz; letztere blieb hingegen erstaunlicherweise bestehen.

Oft sind die modernen Abbilder unseres Verlangens Film- oder Popstars. Unsere Gefühle auf einen Menschen unseres Alltags umzulenken und damit auch Fehler und Fehlschläge zu akzeptieren, ist ein wichtiger emotionaler Reifungsprozeß. Und dennoch können wir uns, wie Pygmalion, ohne ein Traumbild kaum in einen anderen Menschen verlieben. Es erfordert viel Flexibilität und Toleranz, zuzulassen, daß sich dieses Bild mit eigenem Leben füllt.

Die Jungfrau und das Einhorn

Dieses Detail aus »Die Dame und das Einhorn«, einem Wandteppich aus dem 15. Jh., zeigt das Fabelwesen, auf dem Schoß der Jungfrau sein Spiegelbild betrachtend.

Tiefe menschliche Liebe scheint so Widersprüchliches wie körperliches und geistiges Verlangen zu vereinigen. Über Jahrhunderte hinweg führte dieser scheinbare Gegensatz jedoch dazu, daß christliche Moraltheologen körperliche Liebe als Sünde bezeichneten, wenn sie nicht der Fortpflanzung innerhalb einer Ehe diente.

Der Versuch, Sexualität und Reinheit miteinander zu versöhnen, brachte die wunderschöne poetische Legende von der Jungfrau und dem Einhorn hervor. Dieses anmutige Fabeltier mit dem spiralförmigen Horn galt im Mittelalter als Symbol der reinen Liebe. Im 15. Jahrhundert, als Jean le Viste, Herzog von Arcy, seine berühmte Wandteppichserie »Die Dame und das Einhorn« schuf, wurde das Symbol zu einer komplexen Allegorie vergeistigter Liebe. Das übliche Bild des Mannes, der die begehrte Frau jagt, verkehrte sich und verwandelte die erotische Liebe in Zärtlichkeit. Denn das schwer zu fangende, starke Einhorn mit seinem phallischen Horn konnte nur von einer Jungfrau gefangen werden.

Auf weltlicher Ebene verkörperte das Einhorn Stärke, Freiheitsdrang und Männlichkeit. Es ließ sich von einer Jungfrau zähmen, da die Konventionen der höfischen Liebe verlangten, daß der Ritter seiner Dame sein Herz und seine Selbständigkeit darbot. Die Fabel hatte darüber hinaus jedoch noch einen tieferen Sinn: Die Güte besitzt große Macht über die Wildheit, und die Liebe vermag nicht nur Gefühle zu entflammen, sondern kann sie auch verfeinern und kontrollieren.

Im Mittelalter wurde das Einhorn zu einem Sinnbild der alles durchdringenden Kraft des Heiligen Geistes; seine Bezwingerin stand für die Jungfrau Maria. Heidnische Darstellungen erblickten in ihr die kühle, keusche Jägerin Artemis oder Diana, eine jungfräuliche Schönheit, die man bewundern, aber niemals besitzen kann.

Die geliebte Bestie

Eine der ergreifendsten und treffendsten Liebesgeschichten, die je geschrieben wurde, ist die Fabel von der Schönen und dem Biest, die 1757 in der Version von Madame Leprince de Beaumont berühmt wurde. Die junge, schöne Heldin rettet ihren Vater aus dem Schloß des Ungeheuers. Dabei verliebt sich das Monster in sie. Das Mädchen empfindet anfangs nur Abscheu und Angst, küßt das Biest schließlich aus Mitleid und verwandelt es dadurch in einen schönen Prinzen.

Europa, die Tochter des Königs von Tyros, wurde von Zeus in Gestalt eines Stieres nach Kreta entführt, wo sie drei Söhne gebar. Zwei der vielen Darstellungen dieser Geschichte: Francescis »Der Raub der Europa« (oben) und Henri Fuselis »Europa und der Stier« (unten).

AUS »LEDA UND DER SCHWAN«

Ein jäher Stoß: noch schlagen die großen Flügel / über dem taumelnden Weib. Ihre Schenkel umschmeichelt / Von der dunkeln Schwimmhaut, ihren Nacken gepackt im Schnabel, / So, hilflos, hält er sie Brust an Brust.

Wie könnten die erschrocken irrenden Finger / Abwenden die gefiederte Pracht von den sich lösenden Schenkeln? / Wie könnte, gebettet in diesen weißen Ansturm, / Der Körper das fremde Herz nicht spüren an der schlagenden Stelle?

W. B. Yeats (1865–1939)

In Märchen, in denen Erscheinungen der Wirklichkeit nicht entsprechen, kommen derartige Bestien häufig vor. Eine Variante ist der abstoßende Froschkönig, der seiner abscheulichen Haut nur entkommen kann, wenn ein anderer bereit ist, darüber hinwegzusehen. Nach Meinung des englischen Moralisten G. K. Chesterton verbirgt sich in solchen Geschichten die tiefere Wahrheit, »daß ein Ding geliebt werden muß, um liebenswert zu werden«. Unsere Anziehungskraft definiert sich über den Blick der geliebten Person. Finden wir dort nur Kälte oder Abscheu, werden wir zutiefst verletzt.

Die Macht und Langlebigkeit dieses Archetyps liegt in unserem Wunsch begründet, unserer selbst wegen und nicht aufgrund von Äußerlichkeiten geliebt zu werden. In Edmond Rostands Stück »Cyrano de Bergerac« erhält dieses Thema eine grausam-ironische Wendung.

Der Held Cyrano, klug, sensibel, aber schüchtern und mit häßlicher großer Nase, willigt ein, seiner geliebten Roxane im Namen eines gutaussehenden, vermeintlich würdigeren Rivalen Liebesbriefe zu schreiben. Später erkennt er, daß sich Roxane in den Autor der Briefe und nicht in das Gesicht des jungen Verehrers verliebt hatte. Auf dem Totenbett bekennt er die Wahrheit und stirbt in dem Bewußtsein, um seiner selbst willen geliebt worden zu sein.

Das Mitleid für eine abstoßende Kreatur wie den Glöckner von Notre Dame oder Frankensteins Monster in Mary Shelleys Roman steht im Gegensatz zum jugendlichen Sehnen nach einem abstrakten Ideal. Indem wir Mitleid für alles Fehlerhafte aufbringen, hoffen wir, daß ein liebevolles Wesen auch über unsere eigenen Mängel hinwegsehen wird.

Marc Chagalls Gemälde »Ein Sommernachtstraum« zeigt Täuschung, Zauber und Liebe. Titania, die Elfenkönigin, wird verzaubert und glaubt, daß Zettel, der Weber, der den Kopf eines Esels hat, schön ist.

Geschichten, in denen das Biest animalisch ist, haben einen anderen, etwas befremdlichen Beigeschmack. In dem Klassiker »King Kong« bringt der Kontrast zwischen Fay Wrays hilfloser Zerbrechlichkeit und der tierischen Leidenschaft des Gorillas eine stark erotische Wirkung hervor. Bereits in den Satyren der griechischen Mythologie war das Untier ein Symbol männlicher Lust, anziehend und abstoßend zugleich. Die dunklen, nachdenklichen Helden in Liebesromanen definieren den Archetyp neu, behalten aber die Macht der darunterliegenden Sexualität bei; gepflegtes Aussehen und gute Manieren erscheinen im Vergleich dazu schal. Als Greta Garbo in Jean Cocteaus Film »Die Schöne und das Biest« mit der steifen Schönheit Jean Marais konfrontiert wurde, soll sie gerufen haben: »Gebt mir mein Biest zurück!«

Das Hindernis

Die Liebe zwischen dem Kriegsgott Mars und der Liebesgöttin Venus war in der Renaissance bei Künstlern wie Mantegna ein beliebtes Thema. Sie glaubten, daß Harmonie aus der Vereinigung von Liebe und Zwietracht entsteht.

Wenn es eine beherrschende Botschaft gibt in allem, was über die Liebe geschrieben wurde, so ist es jene, daß die Suche nach wahrer Liebe ein Kampf ist. »Jeder Liebende ist ein Soldat«, meinte Ovid. Und so wurde die Liebe durch Jahrhunderte als Preis angesehen, für den es sich zu kämpfen lohnt. In der Literatur findet sich kaum ein Paar, das ohne Überwindung schrecklicher Hindernisse zueinander findet.

In der jüngeren Geschichte bewegten zwei ergreifende Liebesgeschichten die Gemüter. Am 30. Jänner 1889 wurde der junge Erzherzog Rudolf, Kronprinz von Österreich, in seinem Jagdgut in Mayerling tot aufgefunden. Er hatte sich erschossen. Neben ihm lag der Körper der erst 18jährigen Baronin Maria Vetsera. Vermutlich hatte es der Kronprinz vorgezogen, lieber zu sterben, als sich zwischen seiner Frau und Maria Vetsera entscheiden zu müssen, und Maria wollte augenscheinlich mit ihm in den Tod gehen. »Vergib mir für das, was ich getan habe«, schrieb sie ihrer Mutter, »aber ich war machtlos gegen die Liebe.« Ebenso machtlos zeigte sich 50 Jahre später der britische König Edward VIII. gegen die Liebe zu der Amerikanerin Wallis Simpson. Sein Wunsch, eine geschiedene Frau zu heiraten, führte zu einer Verfassungskrise, infolge der er 1936 auf den Thron verzichtete, um Wallis zu heiraten und mit ihr in ein selbstauferlegtes Exil zog.

Heutzutage müssen sich Liebende selten zwischen Königreich und Liebe entscheiden oder miteinander in den Tod gehen. Dennoch faszinieren uns derartig dramatische Geschichten, da sie unsere eigenen Erfahrungen idealisieren. Wir alle kennen die intensiven Gefühle, wenn die Liebe auf Hindernisse stößt, und daß man sie dann oft erst richtig erkennt.

In der Literatur wird die Liebe auf unterschiedlichste Weise erprobt, angefangen bei den metaphorischen Dornenbüschen, die Freiern im Weg stehen, bis hin zu materiellen oder gesellschaftlichen Barrieren (wie bei Heathcliff und Cathy in »Die Sturmhöhe«). Auch politische Hindernisse können sich zwischen zwei Liebende stellen: Boris Pasternaks Roman »Dr. Schiwago« beschreibt die tragische Trennung von Lara und Schiwago durch den ideologischen Haß des Bürgerkrieges nach der Russischen Revolution.

Auch der Widerstand der Eltern ist seit Ovids Geschichte von Pyramus und Thisbe ein immer wiederkehrendes Thema. Das junge Paar widersetzt sich den Eltern, indem es durch einen Riß in der Mauer zwischen ihren Häusern schlüpft. Der fälschliche Glaube, Thisbe sei tot ist, treibt Pyramus schließlich in den Selbstmord. Die Tragödie von Romeo und Julia, die durch die Familienfehde getrennt werden, ist zu dem Symbol für unglückliche Liebe schlechthin geworden. Auch in unserer Zeit bringen politische und religiöse Spannungen weitere Variationen dieses uralten Themas hervor. Schließlich kann auch der Wunsch, die Tochter im Haus zu behalten, von den Eltern auf spitzfindige Arten aausgedrückt werden. So erkrankt Mr. Woodhouse in Jane Austens Roman »Emma« zum Beispiel immer dann, wenn sich eine ihm unangenehme Situation ankündigt.

Der Präraffaelit Sir John Everett Millais zeigt in seinem Gemälde »Vertrau mir«, eine junge Frau, die in einer Epoche, in der ledige Frauen wenige Freiheiten genossen, ihren Vater hintergeht.

Allem zum Trotz überlebt die Liebe und wächst sogar mit dem Widerstand. Nach wie vor widersetzen sich junge Liebende ihren Eltern und fliehen, oder sie träumen zumindest davon. Und es sind meist die kleinen Abwege des Schicksals, die viele Beziehungen ersticken, bevor sie überhaupt beginnen. Der griechische Dichter Konstantinos Kephalas bemerkt mit treffender Klarheit:

> Körper, vergiß nicht, wie sehr er dich liebte,
> die Betten, auf denen du lagst,
> und das Verlangen, das offen loderte
> in den Augen, die dich anblickten,
> in der Stimme, die nach dir zitterte –
> und das ein widriges Schicksal erstickte.

Evelyn de Morgans Gemälde »Hero in Erwartung von Leander« aus dem 19. Jahrhundert erzählt die tragische Geschichte der griechischen Priesterin Hero deren Liebster ertrinkt, weil ein Sturm das Licht löschte, das ihn leitete.

Gefangen im Turm

Dieses bengalische Bild zeigt ein Paar, das versucht, auf dem Rücken eines Elefanten zu fliehen.

Das Motiv einer schönen Frau, die in einem Turm eingesperrt ist, zieht sich als beliebtes Motiv durch Malerei und Literatur. Carl Jung hielt es für einen der grundlegendsten Archetypen, der die unbewußte Suche jedes Mannes nach seiner *Anima,* der weiblichen Seite seiner Psyche symbolisiert. Verliebt er sich, glaubt er einer Projektion seiner Anima begegnet zu sein – der Prinzessin im Turm.

Der Turm steht jedoch auch als männliches Symbol für Ehrgeiz, Hoffnung und Aufstieg, in der Liebe für weibliche Reinheit und Unnahbarkeit. In der Kunst verkörpert die Frau im Turm Keuschheit, besonders in Kulturen, die die weibliche Tugend besonders streng hüten.

In der berühmten mittelalterlichen Allegorie »Der Rosenroman« muß der Freier die Burg der Liebe einnehmen, um seine Rosenknospe zu pflücken und seine Liebste zu gewinnen.

Die allegorische Burg der Liebe wurde oft von der Eifersucht bewacht. Dies hatte auch einen realen Hintergrund, denn im Mittelalter wurden Frauen für angebliche oder tatsächliche Untreue von ihren Ehemännern in abgelegene Burgen gesperrt.

Der Archetyp der Gefangenen im Turm enthält schließlich auch die Handlungsunfähigkeit, die Gefangene kann keine Eigeninitiative ergreifen. Eine moderne Variation findet sich in D. H. Lawrences Roman »Der Regenbogen«, der die wachsende Reife der Heldin beschreibt: In ihrer Jugend ist Ursula fasziniert von der Geschichte Elaines, die fern der Welt Lanzelots Schild treu bewacht. Als Erwachsene faßt sie jedoch genug Selbstvertrauen, um ihren eingebildeten Turm zu verlassen und wie eine moderne Frau nach der Liebe zu suchen.

In der Mythologie stehen Türme in enger Verbindung mit weiblicher Keuschheit, die entweder selbst auferlegt oder aufgezwungen ist; normalerweise wird die Heldin am Ende daraus befreit.

Der edle Ritter

Der Ritter auf dem weißen Hengst ist einer der beständigsten Archetypen der Liebe, weil er Männer wie Frauen gleichermaßen anspricht. Der schillerndste Vertreter, Lanzelot vom See, war der Inbegriff von Tapferkeit und Abenteuerlust. Seine Liebe zu Königin Guinevere war so beherrschend, daß er für sie jede Gefahr, jede Erniedrigung und jeden Treuebruch auf sich nahm.

Lanzelot vom See, der hier bei der Eroberung einer Burg gezeigt wird, galt in den Artusromanen als Symbol für Ritterlichkeit, Mut und Treue. Sein Verhältnis mit Guinevere, der Frau seines geliebten Königs, führte aber zur Auflösung der Tafelrunde und zum Tod von Artus.

Lanzelot ist eine Figur, die der Tradition der höfischen Liebe des Frankreichs des 12. Jahrhunderts entstammt. Das lange Gedicht von Chrétien de Troyes, das seine Taten rühmt, wurde unter der Patronanz von Marie Comtesse de Champagne geschrieben. Man darf ihn daher nicht einfach als Ausgeburt männlicher Machtphantasien abtun. Lanzelots Bewegungsfreiheit wurde von seiner Liebe zu Guinevere stark eingeschränkt. Sie beherrschte sein Leben und scheint diese Macht genossen zu haben, indem sie seine Liebe auf grausame Proben stellte. »Der Ritter, der zu neuen Abenteuern aufbricht, beleidigt seine Dame; bleibt er aber bei ihr, empfindet sie nur Verachtung für ihn«, folgerte Simone de Beauvoir.

Das Bild des Ritters hat sich in den vergangenen Jahrhunderten mehrfach stark verändert und war nicht allein den Männern vorbehalten. Das zwiespältige Bild des weiblichen Ritters in der Renaissancepoesie machte sich den Kontrast zwischen stählerner Rüstung und weichen, anschmiegsamen Körpern zunutze, um eine erotische Wirkung zu erzielen. Cervantes Werk »Don Quijote« mit seinem sympathischen, aber tolpatschigen Antihelden ist eine Parodie auf den unrealistischen Idealismus der Ritterlichkeit.

In dem Klassiker »Casablanca« aus dem Jahr 1942 verkörpert Humphrey Bogart den angeschlagenen Idealisten Rick, den die bittersüße Erinnerung an eine flüchtige Romanze mit Ilse (Ingrid Bergmann) umtreibt. Rick rettet schließlich unter großem persönlichen Einsatz Ilse und ihrem Mann das Leben.

Die romantische Figur des männlichen Ritters stand im 19. Jahrhundert wegen seiner Tugend, seines Mutes und seiner Ehrenhaftigkeit und Höflichkeit gegenüber den ihm anvertrauten Damen in großem Ansehen. In Großbritannien schlug sich dies im Werk der Präraffaeliten und von Dichtern wie Alfred Lord Tennyson nieder, die von der Artussage stark beeinflußt waren. Schön, hilflos und abhängig von dem Schutz und der Hilfe ihres Helden, so sah die Rolle der Frau in diesen Stücken aus. In ihr mag auch das zeit-

AUS »GREEN SONG«

Der nackte Ritter in seiner Rüstung
Kreischt wie ein Vogel auf der Flucht,
Der dunkle Vogel,
stolz wie der Prinz der Lüfte –
»Ich bin der Welt letzte Liebe ... Gib acht«.

Edith Sitwell (1887–1964)

genössische Unbehagen der Männer angesichts des weiblichen Strebens nach wirtschaftlicher und persönlicher Freiheit zum Ausdruck gekommen sein.

Heutzutage wirkt das Befreiungsszenario etwas verstaubt, da sich immer mehr das Ideal gegenseitiger Unterstützung und Hilfe durchsetzt. Der Ritter wird jedoch als Symbol von Liebe und Mut in der romantischen Tradition auch weiter bestehen. Wer sonst könnte sich hinter Figuren wie Humphrey Bogart in »Casablanca« oder Gary Cooper in »Zwölf Uhr Mittags« verbergen, wenn nicht ein fahrender Ritter des 20. Jahrhunderts?

Paolo Uccellos Gemälde »Der Heilige Georg und der Drache« zeigt den Schutzheiligen Englands, wie er einen Drachen tötet, um eine gefangene Maid zu befreien. Dieses Thema kommt in zahllosen Märchen und Sagen vor.

Gärten der Sinne

Ein Garten ist schon seit jeher eine außergewöhnlich sinnliche Kulisse für Liebende. Er ist wie eine eigene Welt, ist idealisierte Natur innerhalb eines künstlichen Rahmens. Schriftsteller und Maler nutzen solche Orte reinster Romantik für ihre komplexen, mehrdeutigen Allegorien des Paradieses, der Unschuld und Versuchung, der naiven Verzückung und erotischen Sinnlichkeit. Mit der Bilderwelt der Gärten wird das Erblühen und die Vergänglichkeit der Liebe beschrieben: »Du bist wie eine Blume, so hold und schön und rein«, schrieb etwa Heinrich Heine. Solche Bilder sind Ausdruck der romantischen Kraft eines Gartens, der voll symbolischer Anspielungen auf Religion und Mythologie steckt und der uns alle zu Adam und Eva macht.

Die Atmosphäre eines Gartens kann unschuldig oder lüstern, vertraut oder exotisch sein. Im jüdisch-christlichen Glauben ist der ideale Garten ein biblischer Garten der Keuschheit, ein Eden vor dem Fall oder ein verschlossener Garten wie im Hohenlied der Bibel: »Ein verriegelter Garten ist meine Schwester und Braut.« Das gesamte Hohelied ist eigentlich ein poetisches Heraufbeschwören der antiken, von Mauern umgebenen persischen Gärten; das arabische Wort für Paradies ist *al-janna*, der Garten. In der weltlichen Kunst und Poesie ist der Garten ein Ort, der die Sinne entzückt und

Dieser ummauerte mittelalterliche Garten aus einer Handschrift des 15. Jahrhunderts stellt eine Allegorie der irdischen Genüsse dar und erinnert an den Garten Eden.

Diese indische Miniatur, die einen Prinzen und seine Geliebte darstellt, entstand um das Jahr 1780. Die Mughal-Herrscher brachten die sinnliche Tradition der Gärten nach Indien. Die üppige Szenerie mit ihrer reichen Vegetation, dem einladenden Pavillon und den Enten ist die ideale Umgebung für das verzückte Liebespaar.

vielleicht sogar überwältigt. In der Natur ist die sexuelle Energie allgegenwärtig: Blumen, Insekten und Vögel, die sich als Teil einer größeren, berauschenden Lebenskraft fortpflanzen. In einem harmonischen Garten werden die wilden Kräfte jedoch gezügelt. Ordnung und Kultur triumphieren und ermöglichen anmutige Liebeleien und elegante Spielereien wie komplizierte Werberituale. In den mittelalterlichen Hofromanen wie dem »Rosenroman« wird der Garten zu einem eleganten Schlachtfeld im Kampf um die Tugend. Drei Jahrhunderte später setzte Kardinal Ferrara die literarische Vorlage im Garten der Villa d'Este um: Er testete die Moral der Besucher, indem diese zwischen dem Weg zur Tugend und dem Weg zum Vergnügen wählen konnten.

Die Rolle des Gartens in mittelalterlichen Romanen ist jedoch mehr als nur symbolisch. Er bot eine willkommene Abwechslung zum dichtgedrängten Gemeinschaftsleben unter einem Dach und eine Art von Rückzug an einen privaten, sinnlich geladenen Ort, der auf die Seele wirkte wie eine knospende Liebesbeziehung. Die neuen Gestaltungsmethoden der Renaissance machten aus Gärten aufwendig geplante Spielplätze. Versteckte Wasserfontänen überraschten die Liebenden, die sich wiederum gegenseitig überraschen konnten, so wie Rochester, der Jane Eyre im Garten von Thornfield einen Heiratsantrag machte. Bis heute lassen sich Liebende, die zwischen Rosen spazieren und sich hinter Hecken küssen, von der romantischen Kraft und den sie umgebenden Bildern und Gerüchen berauschen.

Diese französische Schnupftabakdose aus dem Jahr 1749 ist mit exotischen Nelken verziert, einem Symbol der Verlobung, mit dem häufig Liebesgeschenke geschmückt wurden.

Dieses Renaissancegemälde zeigt Flora, die römische Göttin der Blumen in einem italienischen Garten. Sie genoß ewigen Frühling in diesem Garten voller Blumen und Früchte, wo die Grazien Kränze für ihr Haar flochten.

Heimlich verliebte Mädchen pflücken,
um sich das Ohr zu schmücken,
Sirisa-Blumen rücksichtsvoll,
denn deren zartes Staubgefäß
küssen die Bienen flüchtig nur.

aus Sakuntala, einem Sanskrit-Stück
aus dem 5. Jahrhundert

Die mystische Rose

Die enorme Bedeutung der Rose als Liebessymbol reicht bis in die Antike zurück. Die Rose war den Gottheiten der Liebe geweiht, insbesondere der griechischen Liebesgöttin Aphrodite. Ihre Priesterinnen trugen weiße Rosen als Symbol der Jungfräulichkeit, und die Wege zu ihren Tempeln wurden mit Rosenblättern bedeckt. Zusammen mit ihrem östlichen Pendant, der Lotusblume, wurde die Rose zu einem beständigen Symbol menschlichen und geistigen Verlangens. Ihre mystische Bedeutung wurde mit der Zeit immer größer. Die verschlossene Knospe galt als Sinnbild des Herzens. Die sich öffnenden Blüten stellten die Geburt und die Quelle des Lebens dar und standen für geistiges Wachstum. Im tantristischen Buddhismus wurde die Verschmelzung von sexuellem und geistigem Sehnen als »das Juwel in der Lotusblume« beschrieben. Die Christen nahmen dagegen die Rose erst später als Symbol menschlicher und göttlicher Liebe an. Im 13. Jahrhundert erschien eine einflußreiche Allegorie auf die mystische Rose, der »Rosenroman«.

Dieses umfangreiche Gedicht, das 1236 von Guillame de Lorris begonnen und 40 Jahre später von Jean de Meun erweitert wurde, stellt die Liebe als eine Kunst dar, in der es viele Hindernisse zu überwinden und die Selbsterkenntnis langsam zu entwickeln gilt. Der junge Held will im Garten der Liebe eine Rosenknospe pflücken (das Innerste seiner Liebsten), muß aber feststellen, daß er zuvor viele Enttäuschungen verkraften muß. Sein Zwang, um der Auserwählten willen perfekt zu werden, zeigt, wie eng Liebe und christliche Tugend miteinander verbunden sind.

Die mystische Bedeutung der Rose ist zutiefst zweideutig; sie ist heilig und erotisch. Die Rose symbolisiert eine Quelle göttlicher Großzügigkeit, den Glanz der Natur selbst, die Schönheit des geliebten Menschen und die Verheißung erfüllter menschlicher Liebe. Als Paradies auf Erden kann ein Rosengarten aber auch genauso gut für einen Rosenkranz stehen, als Garten für Gebete an die Jungfrau Maria, die himmlische Rose. Das Herz Christi wird oft als Rose dargestellt, die vor Liebe brennt, die Dornen sind ein Symbol seiner Leiden.

In körperlicher Hinsicht ist die Rose ein Bild intensiver sexueller Erregung und der Vulva selbst. Um ihre Wirkung als Aphrodisiakum wußte bereits Cleopatra, die Mark Anton auf einem dicken Rosenblütenteppich empfing. Was Wunder, daß Liebe durch eine einzige Blume gestanden werden kann.

Verschiedenfarbige Rosen haben unterschiedliche Bedeutungen. Eine gelbe Rose steht für Eifersucht und Untreue, die weiße für Jugend und Reinheit und die rote Rose für Leidenschaft.

In vielen mittelalterlichen Darstellungen sind Gärten die Kulisse höfischer Liebe, mit sowohl christlichen als auch sinnlichen Anspielungen.

Gegen Ende des »Rosenromans« erlangt der Held, nachdem er eine Reihe von Prüfungen bestanden hat, die Rose seiner Wahl.

Der Kuß

Kaum eine Definition im Lexikon ist so phantasielos wie die folgende Beschreibung des Kusses: »drückende Bewegung mit den Lippen als Zeichen der Zuneigung oder Verehrung.« Ein Kuß unter Liebenden ist natürlich viel mehr, wie Robert Frost in einem Gedicht über nostalgische Erinnerungen an seine Jugend beschreibt: »Liebe war ein Hauch der Lippen, / so süß, daß ich ihn kaum ertragen konnt'.«

Auguste Rodins Fähigkeit, täuschend lebensechte Statuen zu schaffen, führte zu dem Gerücht, daß er seine Bronzestatuen nach lebenden Modellen formte. »Der Kuß«, ein außergewöhnlich einfühlsames und sinnliches Werk aus Marmor, ließ seine Kritiker verstummen.

Der erotische Kuß definiert für die Liebenden alles, was zuvor passiert ist, neu. Während eines Kusses scheint die Zeit stehenzubleiben, die Welt rund um uns zu verschwinden und mit neuem Antlitz zurückzukehren. Wenn wir uns mit den Lippen oder, wie bei den Maoris und Eskimos, mit den Nasen küssen, tauschen wir den Atem des Lebens aus. Der Kuß ist ein Akt der Verschmelzung und wird sowohl im religiösen als auch im weltlichen Umfeld als solcher anerkannt.

Im Märchen ändert ein Kuß alles. Er ist oft der entscheidende Moment, eine Metapher für das Erwachen sexuellen Bewußtseins. Dornröschen, Schneewittchen oder Wagners Brunhilde werden mit einem Kuß aus ihrem Schlummer erweckt. Bei Schriftstellern, die westliches Werben beschreiben, ist der erste Kuß ein Moment umwerfender Intensität, dessen Wirkung durch Warten noch verstärkt wird. In Emily Brontës Klassiker »Die Sturmhöhe« zaudert Heathcliff vier Jahre, bevor er endlich Cathy küßt. Anschließend »sprach keiner oder löste

Pablo Picassos Darstellung eines Kusses, die er gegen Ende seines Lebens schuf, zeigt die mächtige Wirkung und Verwirrung, die eine Umarmung hervorbringen kann.

seine Umarmung, und in den nächsten fünf Minuten schenkte er mehr Küsse, als er je zuvor in seinem Leben gegeben hatte«.

Die Versunkenheit in einen Kuß wird in einer der bemerkenswertesten Skulpturen ausgedrückt – in Rodins »Der Kuß«. Sein marmornes Paar scheint so ineinander verschmolzen zu sein, daß sie sich vom Betrachter nicht stören lassen, egal, aus welcher Richtung er sich nähert.

Der Kuß, so simpel und doch so umwälzend, wird immer mehr als die Summe seiner Bestandteile sein. Das Lied aus dem romantischen Film »Casablanca« behauptet zwar: »A kiss is just a kiss ...«. Aber wenn ein Kuß auch nur ein Kuß ist, wissen Liebende auf der ganzen Welt, daß diese einzigartige menschliche Geste gleichzeitig Zärtlichkeit und Leidenschaft auszudrücken vermag.

Edvard Munchs Gemälde »Der Kuß« zeigt die atemlose Stille, die sich verbreiten kann, wenn wir einen geliebten Menschen zum erstenmal küssen.

O das Wasser der Liebe,
Das alles überflutet,
Soweit das Auge reicht.
Es gibt nichts auf der Welt,
Das die Liebe in meinen Augen
Nicht in ein Symbol der Liebe verwandeln kann.
Sogar ein Blick
Auf die präzise Geometrie seiner Hand
Läßt mich in einer Flut der Liebe
Dahinfließen.

Elizabeth Smart (1913–1986),
aus »By Grand Central Station I Sat Down and Wept«

Die Liebesnacht

Auf diesem Bild verläßt ein Liebhaber seine Liebste, die in zufriedener Hingabe auf dem Bett liegt. Die Szenerie deutet auf eine stürmische Liebesnacht.

Liebende haben immer schon die Nacht für sich in Anspruch genommen; eine eigene Welt, abgeschieden von den banalen Problemen des Alltags. Die Nacht wird zum Verbündeten von Liebespaaren, zum Teil der Verschwörung und der Verhüllung. In dieser Rolle schlug sie sich durch die Jahrhunderte in Liebesliedern und Gedichten nieder. »Die Nacht wurde für die Liebe geschaffen«, schrieb Byron, und Shakespeares Julia ruft: »Zieh deinen Vorhang vor, Nacht, du der Liebe Gehilfin!« Der Liebende in John Donnes berühmtem Gedicht »Sonnenaufgang« versucht, die Nacht auszudehnen: »Geh, Sonne, alte Wichtigtuerin, / Was soll das sein? / Durch Fenster, durch den Vorhang dringst du ein, / Sollen Verliebte deine Bahnen ziehn?«

Der Morgen wird aber bei vielen Liebenden von der Angst begleitet, daß die Freuden der vergangenen Nacht nur eine Illusion waren. Vor allem Frauen befürchteten oft mit Recht, der Mann könne sich bei Tageslicht anderen Dingen zuwenden und sie verlassen, um in die »Welt der Vernunft« zurückzukehren.

Die Arabischen Märchen »Tausendundeine Nacht« bringen die Angst vor männlichem Verrat zum Ausdruck. Sie erzählen die Geschichte des allmächtigen Königs von Samarkand, der geschworen hatte, jede Nacht eine andere Braut zu nehmen und diese bei Morgengrauen töten zu lassen. Die anmutige und kluge Heldin Scheherazade überlistet ihn aber und überlebt, indem sie ihm jede Nacht eine spannende Geschichte erzählt und verspricht, in der folgenden Nacht eine weitere zu erzählen. Nach vielen durcherzählten Nächten überredet sie den König, sein Dekret zu widerrufen. Sie wird seitdem als Befreierin der Frauen von sexueller Willkür der Männer gefeiert.

»Liebende«, ein Linolschnitt von John Buckland Wright, ist eine eindrucksvolle Darstellung eines Paares inmitten der Flammen ihres Verlangens.

Der Frauenheld

Jean-Honoré Fragonards Gemälde »Der Riegel« zeigt die Grausamkeit literarischer Frauenhelden vom Format eines Don Juan. Sie können den Objekten ihrer flüchtigen Zuneigung auch emotionalen Schaden zufügen.

Das Bild der Liebe als ein amüsantes und lustiges Spiel der Jagd, der Eroberung und des gekonnten Verlassens existiert schon seit Jahrhunderten und zieht sich durch viele Kulturen. Traditionell ist es eine Männerdomäne, obwohl die »Täter« keineswegs immer Männer und die »Opfer« nicht immer Frauen sind. Körperliche Aspekte und gesellschaftliche Traditionen trugen viel zum Entstehen des Frauenhelden bei, eines Archetypen, der für alle, die beständige Liebe suchen, eine Bedrohung darstellt.

Don Juan ist der berühmteste aller sagenhaften Verführer, da er gleich mehrere männliche Phantasien verkörpert. Seit er 1630 erstmals in Tirso de Molinas »Der Verführer von Sevilla« auftauchte, verkörpert er einen charmanten und lasterhaften Schwindler. Er erobert die Herzen der Frauen im Sturm, vermeidet aber das Band treuer Liebe. Obwohl Don Juan unfähig ist, eine Beziehung einzugehen, hat er unendlich viel Abenteuerlust, Neugier, sexuellen Appetit und körperliche Energie. All diese Eigenschaften üben auf männliche Schriftsteller offensichtlich eine ungeheuer große Faszination aus, vielleicht auch, weil er ein Sinnbild der eigenen kreativen Triebe ist.

Psychotherapeuten beschreiben »Don Juanismus« als ein unreifes, narzißtisches Phänomen, basierend auf prahlerischer Männlichkeit, Liebesunfähigkeit und Unsicherheit. Da der »Don Juan« langfristige Bindungen vermeidet, kann er seine Schwächen erfolgreich unter seinem oberflächlichen Draufgängertum verbergen. Eine Analyse der realen Schwerenöter zeigt, wie wenig sie mit ihrem charmanten literarischen Vorbild gemeinsam haben.

Stendhal, der sich in seinen Werken oft auf die Seite der Frauen stellte, hält Don Juan für einen »betrügerischen Händler, der nimmt, aber nicht bezahlt«. Es überrascht wenig, daß Byron völlig anderer Meinung war. Er hielt Don Juan für einen attraktiven Abenteurer, dessen Wunsch, alle Frauen zu lieben, ihn zu einem unermüdlichen, ergebenen Verehrer des Tempels des Ewig Weiblichen macht. Molières Don Juan betont scherzhaft: »Ich liebe die

Frauenhelden müssen in der Kunst der Verführung geübt sein. »Liebelei« von D. Miklos zeigt einen wahren Könner, der einer empfänglichen Maid nichtssagende Schmeicheleien zuflüstert.

Freiheit der Liebe ... Wenn mich ein schönes Antlitz um mein Herz bittet, gäbe ich es gerne hin, hätte ich 10 000 Herzen.« Die Hauptfigur in Mozarts Oper »Don Giovanni« ist ein romantischer Freigeist, dessen provokante Handlungen weit mehr als nur sexuelle Konventionen in Frage stellen. Der aufsässige Mut dieses charmanten Rebellen wird schließlich von einer höheren, übernatürlichen Macht besiegt.

Don Juan wäre kein Held geworden, ohne der erfrischenden Ehrlichkeit zu sich selbst. Selbsterklärte Frauenhelden gaben immer schon zu, daß sie Hindernisse als Teil ihrer Jagd nach Liebe genießen. Der Reiz, einen neuen Menschen und Körper zu erobern, verbindet sich für sie mit der Entdeckung eines neuen Bildes ihrer selbst in den Augen des anderen. Frauenhelden genießen nicht nur das Prestige der Eroberung, sondern auch die Leidenschaft junger Liebe.

Es ist fast selbstverständlich, daß ein erfolgreicher Casanova äußerst attraktiv ist. Er ist ein gekonnter Charmeur und stellt eine unwiderstehliche Herausforderung dar, die einer herkömmlichen Liebesbeziehung ein Element von Gefahr beimengt. Auch wenn das Verhalten eines Frauenhelden unmoralisch ist und er vielleicht ein emotionales Chaos hinterläßt, scheint es ihm doch nie an aufmerksamen Liebhaberinnen zu mangeln.

Wegen ihrer Unfähigkeit, langfristige Bindungen einzugehen, sind Frauenhelden letztendlich oft einsam.

Ein Spiegel seiner selbst

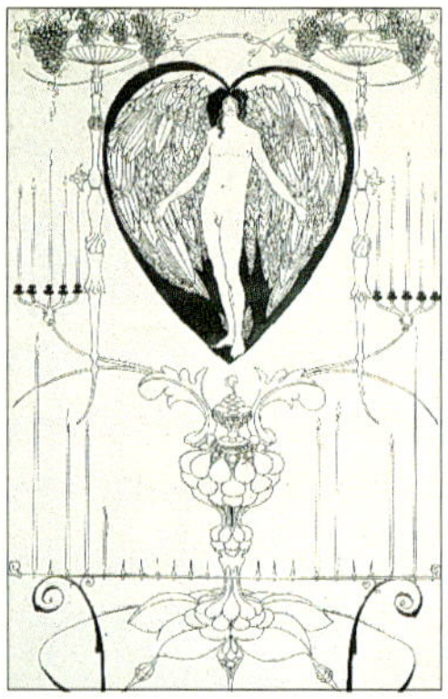

Das herzförmige Glas in Aubrey Beardsleys Illustration »Der Spiegel der Liebe« reflektiert ein Bild des Liebesgottes Eros.

Sich selbst zu lieben,
ist der Beginn einer lebenslangen Romanze.

Oscar Wilde (1854–1900)

In gewissem Maße sind wir alle wie der schöne Jüngling Narcissus aus Ovids berühmter Sage, der vor Sehnsucht und unerfüllter Liebe für sein eigenes Spiegelbild in einem Teich ertrank. Mit Ausnahme eines Partners, den wir wirklich lieben, ist niemand so wichtig für uns, wie wir selbst.

Ovids Schilderung ist voll durchdringender Psychologie. Narcissus verschmähte die Liebe anderer. Nemesis hört die Klagen einer Nymphe, die von dem Jüngling schroff zurückgewiesen worden war, und straft ihn: »Oh möge er sich doch selbst verlieben, und möge sich diese Liebe nicht erfüllen!« Mit anderen Worten ausgedrückt, kann Selbstliebe so stark sein, daß wir unfähig sind, einen anderen zu lieben. Narzißmus ist gefährlich und führt schließlich zur Selbstzerstörung.

Andererseits ist Narzißmus Bestandteil jeder menschlichen Liebe. Er gehört zu unserem Sehnen nach einer Partnerschaft, in der sich die Persönlichkeiten vereinen: »Ich bin Heathcliff!« schreit die verzweifelte Catherine Earnshaw in »Die Sturmhöhe« und drückt damit das Gefühl aus, einen anderen Menschen zu lieben, weil man Eigenschaften seiner Selbst in ihm entdeckt. Eine besondere Rolle spielt dies bei gleichgeschlechtlichen Beziehungen. Der Psychoanalytiker Sigmund Freud meinte, daß sich homosexuelle Beziehungen zum Teil auf die Suche nach einer idealisierten Version des eigenen Ego gründeten, bzw. auf das Verlangen, eine junge Version seiner selbst zu besitzen. Ein gewisses Maß an Narzißmus ist ein wichtiger Bestandteil des Liebens. In Shakespeares Komödie »Viel Lärm um Nichts«, verlieben sich Beatrice und Benedickt, zwei einander augenscheinlich entgegengesetzte, sich ständig neckende Charaktere, erst ineinander, als sie hören,

DER REGENPALAST

Ich hab' dir einen Regenpalast erbaut
Aus Alabastersäulen und Bergkristall,
Dort wirst du in tausend Spiegelsälen
Immer erneut dich für mich wandeln.

Yvan Goll

Dieses Gemälde aus dem 16. Jahrhundert zeigt den schönen Jüngling Narcissus, der sein Spiegelbild im Becken betrachtet. Ein Bild zu lieben statt eines Menschen, macht unglücklich, und Narcissus vergeht vor Leid. Nach seinem Tod verwandelt er sich in eine Narzisse.

daß der andere sie liebt. Das geliebte Wesen wird zu einem Abbild der eigenen Attraktivität. Venus wird oft mit einem Spiegel dargestellt, dem Symbol für Liebe, Schönheit und Glück. Ein zerbrochener Spiegel hingegen bedeutet Pech in der Liebe, vielleicht aufgrund des alten Glaubens, daß das Spiegelbild die Zwillingsseele ist. Narcissus, dessen Selbstliebe extrem war, litt Qualen, da sein Spiegelbild zerbrach, als er es im Wasser des Teiches berühren wollte.

Das verschlingende Weib

Anthony Sandys Gemälde »Schatten der Liebe« zeigt eine von Rache erfüllte Frau, die einen Blumenstrauß verzehrt, den sie wahrscheinlich von einem Geliebten erhielt.

»Kein Zorn im Himmel ist so groß, wie zu Haß gewordene Liebe. / Keine Bestie in der Hölle ist so wild wie eine verletzte Frau«, schrieb William Congreve an der Wende zum 17. Jahrhundert. Er drückt damit die tief in den Männern verankerte Angst aus, daß Liebe bei Frauen unberechenbare, zerstörerische Kräfte auslösen kann. In der Sagen- und Märchenwelt gibt es zahlreiche Furien, die von Eifersucht und Rachsucht geleitet werden.

Eine Erklärung für die Macht dieses Archetyps ist die Parallele zu einer schrecklichen Mutterfigur, die Leben sowohl schenken als auch zerstören kann. Diese entgegengesetzten Eigenschaften wurden über Jahrhunderte hinweg in weiblichen Gottheiten als Ausdruck der beiden Elemente Sexualität und Tod, auf denen sich die Natur gründet, vereint. Die Hindugöttin Devi manifestiert diese Doppelrolle in ihrer Inkarnation als gutmütige Parvati und wilde Kali. Letztere symbolisiert die »dunkle Natur«, schmückt sich mit Totenschädeln, verschlingt ihre Feinde und betont den sexuellen Aspekt ihrer unerbittlichen, schrecklichen Macht.

Das verschlingende Weib ist auch ein fester Bestandteil vieler Bibelgeschichten. Judith enthauptet Holofernes, während er in ihren Armen schlummert. Salome verlangt den Tod von Johannes dem Täufer. Delilah verrät das Geheimnis von Samsons Kraft und bewirkt so sein Verderben.

In der griechischen Mythologie finden sich ebenfalls viele rachsüchtige, zerstörerische Frauen, etwa in Gestalt der schrecklichen Furien. Auch beschönigend als Eumeniden oder »Freundliche« bekannt, hetzen sie ihre Beute jahrelang, um sie an ihre Schuld zu erinnern. Frauen galten als größte Bedrohung eines Mannes, wenn er nicht auf der Hut und allein ist, ein Ausdruck der emotionalen Verletzlichkeit von Männern außerhalb ihrer Vernunftswelt. Als Agamemnon, der König von Argos, nach dem Trojanischen Krieg wohlbehalten nach Hause zurückkehrt, ermordet ihn seine verräterische Frau Klytämnestra. Die furcht-

WIE GULLIVER

Wie Gulliver hundert Schiffe
Zieh ich euch, meine Geliebten, an den Strand,
Ungeschickt, in allen Farben, die kleinen
Schwerter in der Hand
Und aus der Hüfte schießend.

Wie Gulliver verschon ich euch, obwohl
Ihr meinen Schädel grausam schlagt,
hoffend, daß er bricht.
Ich lach' über euch zwischen
Fesseln und Schlangen
aus Blut, meine wütenden Geliebten
mit euren kleinen Bogen.

Nina Cassian

bare Sphinx lauert Reisenden auf und verschlingt sie, wenn sie ihr Rätsel nicht lösen können. Lamina soll Schlangengestalt angenommen und sich zusammen mit den Töchtern der Hexe Hekate am Blut schlafender Männern ergötzt haben. Diese sexuelle Angst vor dem Raub der Lebenskraft wird im mittelalterlichen Europa durch den Sukkubus ausgedrückt, einen weiblichen Dämon, der mit schlafenden Männern geschlechtlich verkehrt.

Ein Hauch von Verzückung zieht sich durch Keats Gedicht »La Belle Dame sans Merci«, in dem ein Ritter von einer Dame im Wald verführt wird. Als er aus unruhigem Schlaf erwacht, ist sie fort.

Im wirklichen Leben hielt man weibliche Spione für »tödlicher als Männer«, besonders dann, wenn sie Sex einsetzten, um an Informationen zu gelangen. Die deutsche Spionin Mata Hari wurde zu Beginn unseres Jahrhunderts zu einem Synonym für Spionage und sexuelle Intrigen. Sie war sowohl für ihre vielen berühmten Liebhaber als auch für ihre gekonnte Spionage bekannt.

Die Bestie scheint ein Produkt sehr unterschiedlicher männlicher Ängste zu sein, die vielschichtiger sind, als es eine Freudsche Interpretation vermuten läßt. Auf einer Ebene verkörpert sie die männlichen Ängste vor dem unstillbaren Verlangen weiblicher Liebe und der damit zusammenhängenden Unfähigkeit, die Tiefe weiblicher Gefühle zu erfassen. Das zeigt sich besonders deutlich in der griechischen Sage von Medea, einer der schrecklichsten Rächerinnen. Die asiatische Zauberin geht gemeinsam mit Jason nach Griechenland, nachdem er mit ihrer Hilfe das Goldene Vlies von ihrem Vater gestohlen hat. Als Jason sie später wegen einer Griechin verläßt, ermordet Medea aus Zorn und Rache seine beiden geliebten Söhne. Dieses grausame Bild konfrontiert Männer mit den furchterregenden Folgen betrogener Liebe.

Die Verführerin

Bis ins 20. Jahrhundert mußten Frauen fast überall auf der Welt ihr Haar hochgesteckt tragen, da offene Locken als ungehörig galten. Diese indische Miniatur stammt aus dem 18. Jahrhundert.

Aus moderner Sicht ist Adams Verhalten bei der Vertreibung aus dem Paradies wohl noch zweifelhafter als jenes von Eva. Er aß von der verbotenen Frucht, die Eva ihm reichte, und gab dann ihr die Schuld für sein Fehlverhalten. In der Vergangenheit vergab man ihm sowohl seine Schwäche als auch seine Untreue, die Frau aber setzte man mit der Schlange gleich. Der Archetyp der Verführerin, des gefährlichen Vamps, war geboren.

Bizets Carmen ist eines der schillerndsten Beispiele für eine Frau, die in der Liebe die Initiative ergreift und das traditionelle Vorrecht der Männer zu wählen und zu führen anzweifelt. Sie ist eine dunkle, feurige Gestalt, die José veranlaßt, seine Liebste zu verlassen, und ihn dann wegen eines Stierkämpfers fallen läßt. Diese männliche Willkür ist bei Frauen unverzeihlich, und Carmen, in ihrer freien Sinnlichkeit ein weiblicher Don Juan, bezahlt dafür mit dem Leben.

Männer, die einer Verführerin verfallen, führen normalerweise als Entschuldigung übernatürliche Kräfte an. In Homers »Odyssee« zum Beispiel bezaubert die schöne Inselhexe Kirke sogar den schlauen Odysseus. Auf einer anderen Insel bietet Kalypso, eine weitere bezaubernde Nymphe, Odysseus die Unsterblichkeit an. In der Mythologie dient die Insel mit der Verführerin oft als Symbol für unbeschwertes Vergnügen, ein sinnlicher Hafen, abgeschnitten von der Außenwelt, mit der Gefahr oder der Verheißung, daß diese Idylle ewig andauern könnte.

Das Gemälde »Odaliske in grauen Hosen« von Henri Matisse zeigt eine halbnackte Sklavin, die sich auf einem Bett aus Kissen ausruht.

Der gebrochene Schwur

In Calderons Bild »Der gebrochene Schwur« hört eine Frau ihren Liebsten mit einer anderen flirten.

In den Romanen des 19. Jahrhunderts finden sich unzählige Frauen, die vor dem Altar stehen gelassen werden, und unzählige Verführer, die ihre Schwüre nie zu halten gedachten. Diesen dramatischen Szenen liegt die Angst vor etwas weit Häufigerem zugrunde, nämlich vor dem Betrug in der Ehe selbst. Auch jene, die über Jahre hinweg treu zu ihrem Partner stehen, sind vor Veränderungen nicht gefeit. »Wer hätte geahnt, daß auch das Herz altern würde?« fragte schon W. B. Yeats.

Alle wirklich Verliebten bestreiten, daß Stärke und Aufrichtigkeit ihrer Gefühle mit der Zeit vergehen könnten. Für sie ist der Ausspruch von Enobarbus in Shakespeares »Antonius und Cleopatra« absolut überzeugend: »Nicht kann sie altern / Hinwelken, täglich Sehn an ihr nicht stumpfen / Die immerneue Reizung.« Doch ähnlich wie in der Literatur geht auch im täglichen Leben die wundervolle Komödie des Verliebens Hand in Hand mit der Tragödie diese Liebe zu verlieren.

Eine dritte Person ist oft nur der Auslöser für das Ende einer unglücklichen Beziehung. Dennoch ist der Ehebruch einer der schmerzhaftesten Trennungsgründe. Die Strafen waren immer schon sehr hart, besonders für Frauen. Sie riskierten gesellschaftliche Ächtung oder sogar den Tod.

In vielen berühmten Liebesgeschichten, wie jener von Tristan und Isolde, Rick und Ilse in »Casablanca« oder Helena von Troja und Paris, existieren gefährliche Dreiecksbeziehungen. Einer der großen Widersprüche in der Liebe ist, daß der Bruch einer alten Beziehung akzeptabel erscheint, wenn er dem Wohl einer neuen dient. Der Begriff des edlen Betruges erinnert an die mittelalterliche Tradition der höfischen Liebe, die klar zwischen Liebes- und Eheschwüren unterschied. Was aber dennoch den meisten gebrochenen Schwüren anhaftet, ist ein beständiges, unentrinnbares Schuldgefühl.

Das französische Gemälde »Frau zwischen zwei Generationen« aus dem 16. Jahrhundert zeigt eine Frau, die ihrem ältlichen Ehemann die Brille abnimmt, damit er ihren Ehebruch mit einem schönen Jüngling nicht bemerkt.

Der Streit

Die scheinbar dummen und sinnlosen Streitereien unter Liebenden sind in Wahrheit ein uraltes Ritual. Sie dienen dazu, die Liebe, der man eine vermeintliche Absage erteilt, neu zu beginnen und zu stärken. »Streitigkeiten unter Liebenden sind die Erneuerung der Liebe«, schrieb schon der römische Dramatiker Terenz. Streit ist Flirten in Verkleidung, ein sexuell geladenes, verbales Gerangel, mit dem Liebende den Beginn ihrer Liebe auferstehen lassen können: »Wenn Streitereien die Liebe trüben, / und voller Zwist erscheint die Welt, / Welch Trost, welch Freud' wieder zu fühlen, / wie meine Hand die ihre hält«, seufzt John Dryden. In Jane Austens Roman »Stolz und Vorurteil« verspricht Elizabeth Bennett sogar, nach der Hochzeit mit Mr. Darcy zu streiten: »... ich muß einfach Gelegenheit haben, dich so oft wie möglich zu necken und mit dir zu streiten.«

Dieser Holzschnitt von Masereel zeigt eine Frau, die in den Armen eines anderen Trost findet und ihren Liebsten mit gebrochenem Herzen zurückläßt.

Die Literatur ist voll von Konflikten zwischen temperamentvollen Paaren, wie etwa den Kämpfen von Stella und Stanley in Tennessee Williams Stück »Endstation Sehnsucht« und dem häuslichen Gerangel von Chaucers Frau von Bath mit dem jüngeren, viel geliebten Jenkin, oder die leidenschaftlichen Gefechte von Shakespeares Antonius und Cleopatra. Die Absurdität ihrer Streitigkeiten kennt jeder, der schon einmal wegen eines mißlungenen Essens die Frage gestellt hat: »Liebst du mich noch?«

Von junger Liebe erwartet man, daß sie heftig ist. Vielleicht tun ältere Menschen deshalb einen Streit unter Liebenden oft als kindischen Zank ab. Dabei entwachsen nur die wenigsten Beziehungen gelegentlichen Konflikten. Liebende streiten bis ins hohe Alter, vielleicht, um die Langeweile ewiger Harmonie zu vermeiden. Für die Stabilität der Beziehung sind diese komplizierten Manöver oft sehr wichtig. Wie Alain de Botton in seinen »Essays über die Liebe« schreibt, halten wir oft fälschlich »an einer starren Grenze zwischen Liebe und Nicht-Liebe fest und an der Vorstellung, diese dürfe nur zweimal, zu Beginn und am Ende einer Beziehung, überschritten werden und nicht tagtäglich oder stündlich. Wir verspüren den Drang, Liebe und Haß voneinander zu trennen, anstatt sie als legitime Reaktionen auf die verschiedenen Facetten unseres Partners zu betrachten.«

Wenn wir uns von jemandem abwenden, gewinnen wir Zeit, um unsere Gefühle zu verbergen. In Dudley Hardys »Eine kleine Meinungsverschiedenheit« (links) ignoriert eine Frau ihren Liebsten, der gerade aufbricht. Ähnliches geschieht auch in Emma Turpins »Der sprechende Garten« (unten).

Das Geheimnis des Streites unter Liebenden liegt nicht so sehr in seiner Ursache, oft einer Nichtigkeit des alltäglichen Lebens. Viel spannender ist sein Ende, wenn tiefe Wut augenscheinlich von einem Witz oder einem einzigen Blick vernichtet werden kann. In Dorothy Parkers Novelle »Der herrliche Urlaub« kann eine junge Ehefrau ihre Enttäuschung kaum überwinden, daß der Urlaub ihres Mannes von einem Tag auf eine Stunde gekürzt wurde. Dies hindert sie jedoch nicht daran, jede kostbare Minute ihres Treffens mit ihm zu streiten und sich zu versöhnen.

Die komplexen, oft unlogischen Schwankungen unserer Gefühle führen in den meisten engen Beziehungen zu Streit. Durch die Intensität unserer Gefühlsbindung an unseren Partner erhält er tiefe, dauerhafte Bedeutung. Er kann jede Unsicherheit in einer Beziehung mit brutaler Klarheit enthüllen und beide Partner durch die Heftigkeit der hochkommenden Gefühle erschrecken. Ohne die Fähigkeit, Konflikte auszutragen und sich wieder zu versöhnen, kann keine Liebesbeziehung bestehen; manchmal läßt der Streit die Liebe sogar erst reifen.

Der Abschied

Bei Trennungen von dem, den wir lieben, ist Schlaflosigkeit häufig. In dieser indischen Miniatur wacht eine Frau die ganze Nacht.

Der Schmerz von Liebenden, die nicht zusammensein können, war seit jeher Auslöser für schöne, zeitlose Werke der Liebesliteratur. Ludwig Uhland bringt in seinem romantischen Gedicht »Abschied« dieses Sehnen mit einfachen, ergreifenden Worten zum Ausdruck: »Da steh ich, ach, mit der Liebe mein. / Mit Rosen und mit Gelbveigelein! / Dem ich alles gäbe so gerne, / der ist nun in der Ferne.« Ein chinesisches Gedicht aus dem 8. Jahrhundert mit dem Titel »Die Frau des fahrenden Händlers – ein Brief« hat auch heute noch Gültigkeit: Die erst 16jährige Frau ist schon seit fünf Monaten von ihrem Mann getrennt. Sie sehnt sich so sehr nach ihm, daß sie sogar der Anblick zweier sich paarender Schmetterlinge schmerzt: »Sie tun mir weh. Ich werde älter«.

Der Philosoph Schopenhauer schrieb, daß jeder Abschied den Vorgeschmack des Todes an sich hat, was besonders zu Kriegszeiten zutrifft, wo allerdings noch viel Angst mitspielt. »Daß Hektor herausnahm sein Schwert, wie lang ist's her, / Nicht wollend, daß sein Söhnlein ihn vermißt / Und Andromache zum Abschied müd ihn küßt / so, wie du jetzt mich, das macht das Herz mir schwer.« So drückt Frances Cornford in ihrem nüchternen Gedicht die erschreckende Zeitlosigkeit solcher angstvollen Trennungen aus und die heldenhafte Tapferkeit jener, die sie erdulden müssen.

Diese Fotografie von Willy Ronis mit dem Titel »Vor Chez Mestre«, die 1948 in Paris aufgenommen wurde, zeigt ein Paar, das sich nach einem gemeinsam verbrachten Abend eine gute Nacht wünscht.

Der Liebestod

Die tragische Geschichte von Tristan und Isolde gehört zu den berühmtesten mittelalterlichen Romanzen. Tristan begleitet Isolde, die zukünftige Frau seines Onkels, zu ihrer Hochzeit. Durch einen versehentlich genossenen Zaubertrank verlieben sich die beiden. Sie sterben schließlich wegen ihrer verbotenen Leidenschaft.

Die romantische Liebe war sich ihrer Zerbrechlichkeit immer schmerzlich bewußt. Ihr erhabenes Gefühl führt uns an die Grenzen unseres Daseins und verstärkt gleichzeitig unser Todesbewußtsein. Seit jeher leugnen Liebende die Macht der Zeit; und die Hoffnung, daß die Liebe auch nach dem Tod weiterbesteht, findet in den Sagen und Kunstgegenständen vieler Kulturen ihren Ausdruck. Die viel zitierte Geschichte von Orpheus, der seine geliebte Eurydike aus dem Hades retten wollte, symbolisiert den weitverbreiteten Widerstand der Menschen gegen eine endgültige Trennung durch den Tod. Gemeinsame Grabstätten und Andenken, wie »ein Armband aus blondem Haar«, das John Donne nach seinem Tod um den Arm gebunden haben wollte, stehen seit der Antike für den Wunsch nach ewiger Bindung. Was solche Gesten wehmütig erscheinen läßt, liegt im Unterschied zwischen dem, was uns die Vernunft sagt, und dem, was wir fühlen. Wir sind uns der Sterblichkeit bewußt, wehren uns aber, den Tod von Gefühlen zu akzeptieren.

Das 19. Jahrhundert verklärte den Tod romantisch und widmete sich der Frage, ob ihn die Liebe überdauern könnte. Elizabeth Barrett Browning fand Trost im christlichen Glauben und schrieb ihrem Mann Robert: »Mit ganzem Herzen bin ich Dein, / Will Dich bei mir, solang wir leben. – Und will es Gott, / werd' ich im Tod mehr denn je die Deine sein.« Die Aussicht auf den Tod kann eine sinnliche, manchmal fast makabre Faszination ausüben, wie in Victor Hugos Roman »Les Misérables«: »Gemeinsam im selben Grab zu liegen und sich hin und wieder im Schutz der Schatten mit der Fingerspitze berühren, das genügt mir bis in alle Ewigkeit«, sagt Marius zu seiner Liebsten Cossette.

AUS »ACKERMANN UND DER TOD«

Verschwunden ist mein lichter Stern am Himmel; zur rüste gegangen meines Heiles Sonne, auf geht sie nimmermehr. Nicht mehr geht auf mein strahlender Morgenstern; verblichen ist sein Schein.

Johannes von Tepl

Liebende, die lieber gemeinsam in den Tod gehen, als allein zu überleben, sind seit Jahrhunderten Thema von Dramen und Opern. Oft beruht ihre Entscheidung auf einem Mißverständnis, wie bei Shakespeares Romeo und Julia oder Ovids Pyramus und Thisbe. Wagners »Liebestod« von Tristan und Isolde ist das Musterbeispiel dieses gemeinsamen Sterbens. Der Komponist verarbeitete die mittelalterliche Geschichte schuldvoller Liebe zu einer Oper, in der wahre Liebe über den Tod triumphiert.

Das Thema des Liebestodes zeigt die emotionale Wahrheit, daß das Leben ohne den geliebten Menschen unerträglich sein kann. So geht Puccinis Heldin Tosca nach der Hinrichtung ihres Liebsten Cavaradossi frciwillig in dcn Tod. Auch dic griechischen Sagengötter haben Mitleid mit der schmerzerfüllten, einsamen Alkyone und verwandeln sie und ihren toten Mann Keyx in ein Eisvogelpaar.

Der antike indische Brauch des *Sati* ist ein eindrucksvolles Beispiel für einen Liebestod, der zum gesellschaftlichen Ritus wurde. Als Beweis für ihren Schmerz und ihre Treue mußten sich Hindufrauen bei der Feuerbestattung ihrer Männer selbst opfern, indem sie sich auf den Scheiterhaufen warfen. Damit wiederholten sie das Opfer der Sati, der ersten Gefährtin Shivas, die als Inbegriff einer liebenden Ehefrau gilt.

Dieses Werk von Alessandro Varotari zeigt die Geschichte von Orpheus und Eurydike. Nach dem Tod von Eurydike will Orpheus sie aus dem Hades retten. Aber es gelingt nicht, und er selbst wird ermordet.

Obwohl nur wenige Menschen tatsächlich aus Liebe sterben, verdeutlicht dieser Archetyp den Wunsch unzähliger, durch den Tod getrennter Liebespaare. Die Angst, den geliebten Menschen allein in den Tod ziehen zu lassen, ist in uns allen tief verwurzelt. Der Wunsch, diesen Weg Hand in Hand zu gehen, ist so irrational wie viele andere Impulse leidenschaftlicher Liebe.

Das Ein und Alles

»Braut und Bräutigam« von Marc Chagall zeigt ein junges Paar, das nach der Trauung feiert.

Seit Jahrhunderten behält der Glaube an die Einmaligkeit romantischer Liebe seine Anziehungskraft. Unsere realen Beziehungen aber beweisen, daß sich die Art, wie wir lieben, mit der Zeit genauso ändern kann wie die Person. Dies tut jedoch der Überzeugung keinen Abbruch, daß es nur eine echte, große Liebe im Leben geben kann.

Der Begriff der »einzigen« Liebe ist schon sehr alt. Er ist das beherrschende Thema im wunderschönen Hohenlied des Alten Testaments. Dieses Werk ist so einzigartig und geheimnisvoll, daß selbst Gelehrte noch immer nicht wissen, wer es schrieb oder was es bedeutet. Es scheint ein Dialog zwischen einem König (wahrscheinlich Salomon) und der lieblichen Sulamit zu sein, die seinen Harem verlassen und zu ihrem geliebten Hirten zurückkehren will. Die Kraft und Wärme dieses Gedichtes betont, daß romantische Liebe eine Einheit ist und nur einer einzigen Seele gewidmet sein kann.

Seither ist die Liebesliteratur von dieser Auffassung erfüllt. Unsere Emotionen sind jedoch weiterhin kompliziert, schwer faßbar und wandlungsfähig; was wir lieben, fühlen und anziehend finden, ändert sich mit der Zeit.

F. Scott Fitzgeralds beeindruckender Roman »Der große Gatsby« beschreibt die Unfähigkeit des Helden, dies zu verstehen. Nur der Erzähler Nick erkennt, wie vergänglich Gatsbys Illusion ist: »Er war weither an dieses blaue Gestade gekommen, und plötzlich schien ihm sein Traum so nahe gerückt, daß er nur zuzugreifen brauchte. Aber er wußte nicht, daß der Traum längst hinter ihm lag, weit zurück in dem unermeßlichen Dunkel jenseits der großen Stadt, ...«

Uns jemandem hinzugeben, verändert radikal die Art, wie wir unser Leben betrachten. In diesem Gemälde von Emma Turpin findet sich eine Braut in einem neuen, fremden Land wieder.

Die verlorene Welt

Die bittere Süße der Liebe ist so fein ausbalanciert, daß wir oft nicht wissen, ob das Glück, das sie bringt, auch den Schmerz aufwiegt. Dieses Dilemma taucht als Motiv in vielen Sagen und Märchen auf. Eines der am leichtesten faßbaren Beispiele ist Hans Christian Andersens berühmte Geschichte von der kleinen Meerjungfrau. Sie verläßt für ihren Liebsten ihre Heimatwelt, verliert ihre Stimme und tauscht ihren Fischschwanz gegen menschliche Füße ein, obwohl sie jeder Schritt wie Messerstiche schmerzt. Nach der Vereinigung mit ihrem Prinz ist das Leiden der kleinen Meerjungfrau noch nicht vorüber. Er behandelt sie gut, heiratet aber eine menschliche Prinzessin. Als sie vor der grausamen Wahl steht, ihn zu töten oder sich in Gischt zu verwandeln, stürzt sie sich in die Wellen.

AUS »DIE VIERZEILER OMAR CHAJJAMS«

Ach, daß der Jugend Buch zu Ende schlich
Und dieser bunte Lenz zum Winter blich!
Das Vöglein Jugend, das so fröhlich sang,
Wer weiß, ach! wann es kam und wann es wich!

Ach, wär uns doch zu eigen Gottes Walten,
Ich wollte wahrlich diesen Himmel spalten
In tausend Stücke und ihn dann im Nu
Nach unsres Herzens Sehnsucht neu gestalten!

aus dem Persischen von C. H. Kempis

Diese Miniatur aus dem 14. Jahrhundert zeigt das Liebespaar Peter Abélard und seine Schülerin Héloïse. Die beiden sind immer noch voneinander fasziniert, trotz der religiösen Zwänge und der Grausamkeiten, die sie ihrer Liebe wegen erdulden mußten.

Die Geschichte des mittelalterlichen Liebespaares Abélard und Héloïse ist ein typisches Beispiel dafür, daß Romane oft Anleihen beim wirklichen Leben nehmen.

Peter Abélard, einer der größten Theologen des 12. Jahrhunderts, stürzte sich in eine leidenschaftliche, verbotene Liebesaffäre mit seiner hochbegabten Schülerin Héloïse. Sie gebar ihm ein Kind. Abélard, der beruflich bloßgestellt war, wurde daraufhin von ihrem rachsüchtigen Onkel entmannt. Pikanterweise trat Héloïse in ein Kloster ein, das von Abélard gegründet worden war. Von dort schrieb sie ihm Hunderte von Briefen. Für eine Zeit, in der menschliche Liebe der Liebe Gottes moralisch untergeordnet war, enthielten ihre Briefe bemerkenswerte Gefühle. »Kein Mitleid, nur ein Befehl von Dir hat mich so jung in die Zwänge des Klosterlebens getrieben,« schrieb sie. »Gott weiß, daß ich Dir oh-

ne Zögern gefolgt oder vor Dir in die Hölle gegangen wäre, hättest Du es mir befohlen.« Trotz der langen Trennung war ihr Leben der Liebe zu Abélard gewidmet. Als er starb, wurde sein Körper in Héloïses Kloster bestattet.

Der Druck, der entsteht, wenn man die Liebe über alles andere stellt, zeigt sich auch in Leo Tolstois Roman »Anna Karenina«. Seine Heldin Anna ist eine schöne, reizvolle Frau, deren langweiliges Eheleben durch ihre Leidenschaft für einen attraktiven, jungen Offizier, Graf Wronskij, radikal verändert wird. Die Folgen ihres Handelns werden schnell augenscheinlich: Um bei ihrem Liebsten zu sein, muß Anna ihr geliebtes Kind verlassen. Nach kurzer Zeit spürt Wronskij, der für Anna seine Karriere als Offizier aufgegeben hat, den unerträglichen Druck, die Liebe in einer Intensität zu erhalten, die diese riesigen Opfer rechtfertigt. Die Beziehung wird zunehmend unglücklich, und Anna geht an der Bitterkeit ihres ersten wirklichen Streites zugrunde. Tolstoi zeigt uns damit, daß auch Liebende in der realen Welt leben müssen.

Dieses Gemälde von Rajasthan aus dem späten 18. Jahrhundert zeigt ein Liebespaar, das unter einer Markise auf einer Couch liegt. In solchen Momenten scheinen die Sorgen der Wirklichkeit zumindest vorübergehend unwichtig und weit entfernt zu sein.

Namen- und Sachregister

Kursiv gedruckte Seitenangaben beziehen sich auf Bildunterschriften.

A

B

C

D

E

F

G

Danksagungen

Ich möchte den folgenden Personen für ihre Hilfe danken: dem redaktionellen und graphischen Team bei DBP, insbesondere meiner Herausgeberin Catherine Bradley; meiner Schwester Jody; Susan Collier; Simon Browne-Wilkinson; Ben Gibson und den Mitarbeitern des London Library. Mein besonderer Dank gilt Jack Tresidder, ohne den dieses Buch nicht möglich gewesen wäre.

BILDNACHWEIS

Abkürzungen:
BAL – Bridgeman Art Library
etA – e.t. Archive

Autorin und Herausgeber möchten den folgenden Personen, Museen und Photographiearchiven für die Erlaubnis danken, ihr Material reproduzieren zu dürfen. Wir haben versucht, alle Eigentümer anzuführen. Sollten wir jedoch jemanden vergessen haben, tragen wir dies gerne in künftigen Auflagen nach, sofern wir verständigt werden.

S. 1: British Library, London (BAL); S. 2: © Emma Turpin; S. 3: Wolseley Fine Arts, London, © Die Erben von Eric Gill; S. 4: © Celia Birtwell, London; S. 5: © Emma Turpin; S. 8: © Emma Turpin; S. 9: Privatsammlung (Christie's Images); S. 10: Privatsammlung (BAL); S. 10–11: © Celia Birtwell, London; S. 11: Musée Cluny, Paris (Giraudon/BAL); S. 12: *oben* Louvre, Paris (BAL); S. 12: *unten* Gallerie Borghese, Rom (AKG London); S. 13: Victoria & Albert Museum (BAL); S. 14: Privatsammlung (BAL); S. 16: British Library, London (BAL); S. 17: *links* The Mansell Collection, London; S. 17: *rechts* Wolseley Fine Arts, London © Die Erben von Eric Gill; S. 18: © Emma Turpin; S. 20: *links und rechts* Rose Castle, Cumbria (BAL); S. 20: *centre* The Mansell Collection, London; S. 20: *unten* Museo Diocesano de Solsona Lerida (Index /BAL); S. 21: Musée de Grenoble (etA); S. 21: *rechts* Rose Castle, Cumbria (BAL); S. 22: Privatsammlung (BAL); S. 23: Victoria & Albert Museum, London (etA); S. 25: Phillips Fine Art Auctioneers, London (BAL) © ADAGP, Paris & DACS, London 1997; S. 26: *oben* Victoria & Albert Museum, London (BAL); S. 26: *unten* Fitzwilliam Museum, University of Cambridge (BAL); S. 27: Privatsammlung (BAL); S. 27: *rechts* British Museum, London; S. 28: Privatsammlung (Christie's Images); S. 29: Prado, Madrid (AKG London); S. 30: British Library, London (BAL); S. 31: *oben* © Emma Turpin; S. 31: *unten* Bibliothèque Nationale, Paris (BAL); S. 33: © Thurston Hopkins/Portfolio Ltd, London; S. 34–35: © Thurston Hopkins/Portfolio Ltd, London; S. 36: *oben* British Library, Paris (BAL); S. 36: *unten* Musée Condé, Chantilly (AKG London/ Erich Lessing); S. 36 und S. 37: *details* Musée Mobilier National, Paris (Giraudon/BAL); S. 37: Louvre, Paris (AKG London/Erich Lessing); S. 38: *oben* Privatsammlung; S. 38: *links* National Gallery, London; S. 38: *rechts* Kunsthistorisches Museum, Wien (BAL); S. 39: © Emma Turpin; S. 40: Museo Civico Ascoli Piceno (etA); S. 41: National Gallery, Budapest (etA); S. 42: © Europa Verlag, Zürich; S. 42–43 Borough of Southwark, London (BAL); S. 43: *links* Privatsammlung; S. 43: *rechts* Kunstgallerie der University of Liverpool (BAL); S. 44: Wolseley Fine Arts, London © Die Erben von Eric Gill; S. 45: © Emma Turpin; S. 47: Wolseley Fine Arts, London © Die Erben von Eric Gill; S. 48–49: © Trevor Watson/Portfolio Ltd, London; S. 50: © Emma Turpin; S. 52: Victoria & Albert Museum, London (AKG London); S. 52 und S. 53: *details* Kupferstichkabinett, Berlin (AKG London); S. 53: Galerie d'Art Moderne, Paris (etA) © Succession H. Matisse/DACS, 1997; S. 54: The Wallace Collection, London (BAL); S. 55: Wolverhampton Art Gallery (BAL); S. 56: *links* Victoria & Albert Museum, London (BAL); S. 56: *rechts* National Gallery, London; S. 56: *unten* © Emma Turpin; S. 57: Roy Miles Gallery, London (BAL); S. 58: *links* National Gallery, London (BAL); S. 58: *rechts* Privatsammlung (David Lavender); S. 59: National Gallery of Art, Washington D. C. (BAL) © Succession Picasso/DACS, 1997; S. 60: Musée Cluny, Paris (Giraudon/BAL); S. 61: Hirshhorn Museum & Sculpture Garden, Smithsonian Institute (Geschenk der Joseph Hirshhorn Foundation), Washington D. C. (AKG London); S. 62: *links* Musée Bonnat, Bayonne (etA); S. 62: *rechts* © Europa Verlag, Zürich; S. 63: Lutherhalle, Wittenberg (AKG London); S. 64: Privatsammlung (etA); S. 65: Fine Art Society, London (BAL); S. 67: © Roderick A. Field/Portfolio Ltd, London; S. 68–69: © Thurston Hopkins/Portfolio Ltd, London; S. 70: Musée Condé, Chantilly (BAL); S. 71: Privatsammlung (BAL); S. 72: *links* Privatsammlung (etA) © ADAGP, Paris & DACS, London 1997; S. 72: *rechts* Christopher Wood Gallery, London (BAL); S. 73: Ca' Rezzonico, Venedig (etA); S. 74: *links* Palazzo Ducale, Mantua (BAL); S. 74: *rechts* Musée d'Orsay, Paris (etA); S. 75: *oben* Galerie Belvedere, Wien (AKG London); S. 75: *unten* Bibliothèque Nationale, Paris (BAL); S. 76–77: © Emma Turpin; S. 77: *rechts* Bibliothèque Nationale, Paris (BAL); S. 79: Wolseley Fine Arts, London © Die Erben von Eric Gill; S. 80–81: © Willy Ronis/ Rapho; S. 82: © Emma Turpin; S. 84: Towneley Collection, British Museum, London (AKG London); S. 85: © Emma Turpin; S. 86: Ca' Rezzonico, Venedig (etA); S. 87: © Willy Ronis/Rapho; S. 88: Staatliche georgische Gemäldegalerie, Tiflis (BAL); S. 89: Privatsammlung (BAL) © Succession Picasso/DACS, 1997; S. 90: *links* und *Mitte* Victoria & Albert Museum, London (BAL); S. 90: *unten* Victoria & Albert Museum, London (etA); S. 91: Musée des Beaux–Arts, Lille (BAL); S. 91: *rechts* und *unten* Victoria & Albert Museum, London (BAL); S. 92: *oben* Ca' Rezzonico, Venedig (etA); S. 92: *unten* British Library, London (etA); S. 93: *oben* und *unten* Museo de America, Madrid (BAL); S. 95: Privatsammlung; S. 96: *links* Beit Collection, Co. Wicklow (BAL); S. 96: *rechts* Privatsammlung (etA); S. 97: Privatsammlung (BAL) © Anwesen von Stanley Spencer, 1997. Alle Rechte vorbehalten DACS; S. 98: *links* The Mansell Collection, London; S. 98: *rechts* Privatsammlung (DBP Archive); S. 98: *unten* Christie's, London (BAL); S. 99: *oben* Privatsammlung (etA); S. 99: *unten* Privatsammlung (BAL); S. 100: Gill Orsman, London; S. 101 Victoria & Albert Museum, London (BAL); S. 102: *oben links* Privatsammlung; S. 102: *oben rechts* National Museum of American Art, Washington D.C. (BAL); S. 102: *unten links* © Emma Turpin; S. 102: *unten rechts* Privatsammlung (Christie's Images); S. 103: *oben* © Constantine Manos/Magnum Photos; S. 103: *links* Privatsammlung (David Lavender); S. 103: *rechts* Privatsammlung; S. 105: © Richard McConnell, London; S. 106–107: © Caroline Arber/Portfolio Ltd, London; S. 108: *oben* Bibliothèque Nationale, Paris (BAL); S. 108: *unten* Privatsammlung (AKG London); S. 109: Prado, Madrid (etA); S. 110: Privatsammlung (AKG London); S. 111 Phillips Fine Art Auctioneers, London (BAL); S. 112: *oben* Privatsammlung (DBP Archive); S. 112: *unten* Privatsammlung (BAL); S. 113: *oben* National Gallery, London (BAL); S. 113: *unten* Prado, Madrid (etA); S. 114: Fitzwilliam Museum, University of Cambridge (BAL); S. 115: *oben* Wolseley Fine Art, London © Die Erben von Eric Gill; S. 115: *unten* Privatsammlung (BAL); S. 117: © Robert Doisneau/Rapho/ Network; S. 118: © Emma Turpin; S. 120: Duke of Sutherland Collection, National Gallery of Scotland (BAL); S. 121: National Gallery, London; S. 122: Freud Museum, London (BAL); S. 123: Uffizien, Florenz (AKG London); S. 124: Museum der Bildenden Kunste, Leipzig (AKG London); S. 125: Österreichische Galerie, Wien (BAL); S. 126: *oben* The Maas Gallery, London (BAL); S. 126: *unten* Privatsammlung (BAL); S. 127: Kunsthistorisches Museum, Wien (BAL); S. 128: *oben* British Library, London (BAL); S. 128: unten Musée d'Orsay, Paris (etA); S. 129: Victoria & Albert Museum, London (BAL); S. 130: *oben* Whitford & Hughes, London (BAL); S. 130: *unten* Privatsammlung (etA); S. 131: Tate Gallery, London (BAL) © ARS, N. Y./DACS, London 1997; S. 132: Musée de Cluny (AKG London); S. 132: *unten* Privatsammlung (AKG London); S. 133: Bibliothèque Nationale, Paris (BAL); S. 134: *oben* Louvre, Paris (BAL); S. 134: *unten* Victoria & Albert Museum, London (BAL); S. 135: Musée de Grenoble (BAL) © ADAGP, Paris & DACS, London 1997; S. 136: Louvre, Paris (Giraudon/BAL); S. 137: *links* Forbes Magazine Collection, London (BAL); S. 137: *rechts* Roy Miles Gallery, London (BAL); S. 138: British Library, London (BAL); S. 139: © Emma Turpin; S. 140: *links* Bibliothèque Nationale, Paris (BAL); S. 140: *rechts* The Kobal Collection, London; S. 141: National Gallery, London (BAL); S. 142: *links* Bibliothèque Nationale, Paris (AKG London); S. 142: *rechts* Privatsammlung (BAL); S. 143: *oben* Christie's, London (BAL); S. 143: *unten* National Museum, Stockholm (BAL); S. 145: *oben* © Gill Orsman, London; S. 145: *links* Musée Condé, Chantilly (BAL); S. 145: *rechts* British Library, London (BAL); S. 146: *oben* Musée Rodin, Paris (AKG London); S. 146: *unten* Privatsammlung (AKG London) © Succession Picasso/DACS, 1997; S. 147: Munch Museum, Oslo (AKG London) © The Munch Museum/The Munch-Ellingsen Group/DACS, 1997; S. 148–149: © Elliott Erwitt/Magnum Photos; S. 150: Musée des Beaux-Arts, Bordeaux (BAL); S. 151: Wolseley Fine Arts, London © Die Erben von John Buckland Wrechts; S. 152: *oben* Louvre, Paris (AKG London); S. 152: *unten* Ungarische Nationalgalerie, Budapest (etA); S. 153: © Emma Turpin; S. 154: Victoria & Albert Museum, London (BAL); S. 155: City of Bristol Museum & Art Gallery (BAL); S. 156: Forbes Magazine Collection, London (BAL); S. 157: Hessisches Landesmuseum, Darmstadt (BAL); S. 158: Privatsammlung (BAL); S. 159: Walter Guillaume Collection, Paris (etA) © Succession H. Matisse/DACS, 1997; S. 160: Tate Gallery, London (etA); S. 161:

Prado, Madrid (BAL); S. 162: © Europa Verlag, Zürich; S. 162–163: Fine-Lines, Warwickshire (BAL); S. 163: © Emma Turpin; S. 164: Victoria & Albert Museum, London (BAL); S. 165: Willy Ronis/Rapho; S. 166: British Library, London (BAL); S. 167: Accademia, Venedig (BAL); S. 168: Christie's, London (BAL) © DACS, 1997; S. 169: © Emma Turpin; S. 170: Musée Condé, Chantilly (Giraudon/BAL); S. 171: Privatsammlung (BAL); Endpapers © Celia Birtwell, London.

TEXTNACHWEIS

Texte, bei denen im folgenden kein Übersetzer genannt wird, wurden von Lucia Brenner, Eva Haslinger, Christina Krajicek, Gabriela Scolik und Kristina Zettl aus dem Englischen übertragen.

Autorin und Herausgeber möchten den folgenden für die Erlaubnis danken, ihr urheberrechtlich geschütztes Material verwenden zu dürfen. Wir haben versucht, alle Eigentümer anzuführen. Sollten wir jedoch jemanden vergessen haben, tragen wir dies gerne in künftigen Auflagen nach, sofern wir verständigt werden.

S. 11 aus »Kassandra« von Christa Wolf; Luchterhand Verlag, Darmstadt; S. 19 Auszug aus »Adultery« von Thom Gunn aus »The Passages of Joy«, wiedergegeben mit der Erlaubnis von Faber and Faber Ltd, London und Farrar Straus & Giroux, Inc., New York; S. 24 »Du bist mein, ich bin dein« aus »Deutsche Liebesgedichte«, ins Hochdeutsche übertragen von Max Wehrli, Reclam Verlag, Stuttgart 1985; S. 26 »Ode auf eine griechische Urne« von John Keats, aus dem Englischen von Heinz Piontek, Insel-Verlag, Frankfurt/M., 1996; S. 28 »Die Ekstase« von John Donne, aus »Hier lieg' ich von der Lieb' erschlagen«, aus dem Englischen von Wolfgang Breitwieser, Verlag Neue Kritik, Frankfurt/M., 1994; S. 32 »Bei der Trennung« von Anne Ridler aus »Collected Poems«, wiedergegeben mit der Erlaubnis von Carcanet Press Ltd.; S. 42 aus »Ein Sommernachtstraum« von W. Shakespeare, 5. Akt, 1. Szene, aus dem Englischen von Schlegel-Tieck, »William Shakespeare – Gesamtwerk, Band 2«, Weltbild-Verlag; S. 46 »Die trübsten Verse« von Pablo Neruda, aus dem Spanischen von Fritz Vogelsang, »Pablo Neruda-Liebesgedichte«, Luchterhand Literaturverlag, 1991; S. 48 »Portugiesisches Sonett XXXVIII« von Elizabeth Barrett Browning, aus dem Englischen von Hans Böhm, Kunstwart-Verlag Georg D. W. Callwey, München 1923; S. 51 »Der zweifache Narr« von John Donne aus »Hier lieg' ich von der Lieb' erschlagen«, aus dem Englischen von Wolfgang Breitwieser, Verlag Neue Kritik, Frankfurt/M., 1994; S. 52 »Das Hohelied« aus »Die Bibel« nach der deutschen Übersetzung Martin Luthers, Württembergsche Bibelanstalt 1969; S. 60 »Venus und Adonis« von W. Shakespeare, aus dem Englischen von Schlegel-Tieck, »William Shakespeare – Gesamtwerk, Band 6«, Weltbild-Verlag; S. 62 aus »Othello III,3 von W. Shakespeare, aus dem Englischen von Schlegel-Tieck, »William Shakespeare – Gesamtwerk, Band 5«, Weltbild-Verlag; S. 62 »Wenn ich verehre« von W. H. Davies aus »The Collected Poems of W. H. Davies", Jonathan Cape, wiedergegeben mit der Erlaubnis des Estate of W. H. Davies; S. 68 »Wenn ich den Tod in deinem Arm erleide« von Pierre de Ronsard, aus dem Programmheft zu Romeo und Julia, Burgtheater 1994/95; S. 73 aus »Wie es euch gefällt«, 4. Akt, 1. Szene, von W. Shakespeare, aus dem Englischen von Schlegel-Tieck, »William Shakespeare – Gesamtwerk, Band 3«, Weltbild-Verlag; S. 74 Sonett Nr. 116 aus »Shakespeares Sonette – Nachdichtung von Karl Kraus«, Kösel-Verlag München; S. 78 »Auf dem dämmrigen Pfad eines Traumes« von Rabindranath Tagore, aus dem Englischen von Hans Effenberger, Verlag Poeschl & Trepte, Leipzig; S. 80 Sonett Nr. 18 aus »Shakespeares Sonette – Nachdichtung von Karl Kraus«, Kösel-Verlag München; S. 92 »Volpone«, 3. Akt, 7. Szene, von Ben Jonson aus »Dramen aus der Shakespeare-Zeit«, aus dem Englischen von Ferdinand Adolf Gelbcke und Klaus Udo Szudra, Dietrische Verlagsbuchhandlung Leipzig, 1964; S. 96 «Die, die mir nahestehen« von Rabindranath Tagore aus »The Collected Poems and Plays of Rabindranath Tagore«, abgedruckt mit der Genehmigung von Macmillan General Books, London und Simon & Schuster, New York, copyright 1937 bei Macmillan Publishing Company: copyright erneuert © 1965; S. 100 Auszug aus »One Perfect Rose« von Dorothy Parker aus »The Collected Dorothy Parker«, abgedruckt mit der Genehmigung von Gerald Duckworth and Co. Ltd, London und Viking Penguin USA; S. 100 aus »Hamlet«, 4. Akt, 5. Szene, von W. Shakespeare, aus dem Englischen von Theodor Fontane, Aufbau-Verlag Berlin und Weimar, 1966; S. 103 aus »Ein Sommernachtstraum«, 1. Akt, 1. Szene, von W. Shakespeare, aus dem Englischen von Schlegel-Tieck, »William Shakespeare – Gesamtwerk, Band 2«, Weltbild-Verlag; S. 106 »In ihrer Schönheit wandelt sie« von Lord Byron, aus »G. G. L. Byron – Sämtliche Werke Bd. II«, Winkler Verlag München; S. 108 aus »Was ihr wollt«, 2. Akt, 4. Szene, von W. Shakespeare, aus dem Englischen von A. W. Schlegel und L. Tieck, aus »William Shakespeare Gesamtwerk, Band 4«, Weltbild Verlag, Augsburg 1996; S. 114 Auszug aus »Die Braut« von Bella Achmadulina aus »A Book of Woman Poets from Antiquity to Now«, wiedergegeben mit der Erlaubnis von Schocken Books; S. 116 Auszug aus »Ich würde gerne mit dir leben« von Marina Cvetaeva aus »A Book of Woman Poets from Antiquity to Now«, wiedergegeben mit der Erlaubnis von Schocken Books; S. 119 aus »Die Dame von Shalott«, von Alfred Lord Tennyson, aus »Tennyson – Ausgewählte Dichtungen«, aus dem Englischen von Adolf Strodtmann, Bibliographisches Institut Leipzig und Wien; S. 122 »Madrigal 52« von Francesco Petrarca, aus »F. Petrarca – das lyrische Werk«, aus dem Italienischen von Benno Geiger, Luchterhand Verlag; S. 124 aus »Tristran's End« von Laurence Binyon, abgedruckt mit der Genehmigung der Erben von Laurence Binyon/The Society of Authors; S. 125 aus »Ein Sommernachtstraum«, 2. Akt, 1. Szene, und 1. Akt, 1. Szene, von W. Shakespeare, aus dem Englischen von A. W. Schlegel und L. Tieck, aus William Shakespeare – Gesamtwerk, Band 2«, Weltbild Verlag, Augsburg 1996; S. 126 aus »The Plot Against the Giant« von Wallace Stevens, aus »The Collected Poems of Wallace Stevens«, abgedruckt mit der Genehmigung Alfred A. Knopf Inc., New York und Faber and Faber Ltd, London; S. 126 »Die tragische Historie vom Doktor Faustus« von Christopher Marlowe, aus dem Englischen von Adolf Seebass, Reclam Verlag, Stuttgart 1964; S. 129 »Die Dreigesichtige« von Robert Graves, aus »Poems About Love«, abgedruckt mit der Genehmigung von Carcanet Press Ltd; S. 134 aus »Leda und der Schwan« von W. B. Yeats, aus dem Englischen von Erich Kahler, »W. B. Yeats, Werke 1, Ausgewählte Gedichte«, Luchterhand Verlag, 1970; S. 137 aus »Body remember« von C. P. Cavafy, abgedruckt mit der Genehmigung von Hogarth Press/Chatto & Windus Ltd; S. 141 Auszug aus »Green Song« von Edith Sitwell, aus »Collected Poems«, wiedergegeben mit der Erlaubnis von David Higham Associates; S. 142 »Du bist wie eine Blume« von Heinrich Heine, aus »Deutsche Liebesgedichte«, Reclam Verlag Stuttgart, 1985; S. 143 »Sakuntala«, Vorspiel, aus dem Sanskrit von Johannes Mehlig, Manesse Verlag Zürich 1987; S. 146 aus »To Earthward« von Robert Frost, aus »The Poetry of Robert Frost«, abgedruckt mit der Genehmigung von Jonathan Cape/Random House UK Ltd, London und Henry Holt and Co. Inc., New York; S. 148 Auszug aus »By Grand Central Station I Sat Down and Wept« von Elizabeth Smart, abgedruckt mit der Genehmigung des Estate of Elizabeth Smart and HarperCollins Publishers Ltd; S. 150 aus »Romeo und Julia«, 3. Akt, 2. Szene, von W. Shakespeare, aus dem Englischen von Erich Fried, Programmheft 138 des Burgtheaters Wien; S. 150 »Sonnenaufgang« von John Donne, aus »Metaphysische Dichtungen«, aus dem Englischen von Werner Vortriede, Insel-Verlag 1961; S. 154 »Der Regenpalast« von Yvan Goll, aus »Yvan Goll – Gesamtausgabe, Band II«, aus dem Französischen von Claire Goll und Claude Vigée, Verlag Argon, Berlin; S. 156 »Wie Gulliver« von Nina Cassian, aus »A Book of Woman Poets from Antiquity to Now«, abgedruckt mit der Genehmigung von Schocken Books; S. 160 »Antonius und Cleopatra«, 2. Akt, 2. Szene, von W. Shakespeare, aus dem Englischen von A. W. Schlegel und L. Tieck, aus William Shakespeare Gesamtwerk Band 5«, Weltbild Verlag, Augsburg 1996; S. 164 »Abschied« von Ludwig Uhland, aus »Die deutschen Romantiker, Band 2«, Weltbild-Verlag, Augsburg 1994; S. 164 aus » Parting in Wartime« von Frances Cornford, aus »Frances Cornford Collected Poems«, Cresset Press, abgedruckt mit Genehigung des Estate of Frances Cornford; S. 166 »Verschwunden ist mein lichter Stern am Himmel« aus »Ackermann und der Tod«, 5. Kapitel, Johannes von Tepl, aus dem Mittelhochdeutschen von Felix Genzmer, Reclam Verlag, Stuttgart 1984; S. 170 aus »Die Vierzeiler Omar Chajjams«, aus dem Persischen von C. H. Kempis, Dessau und Leipzig, 1940.

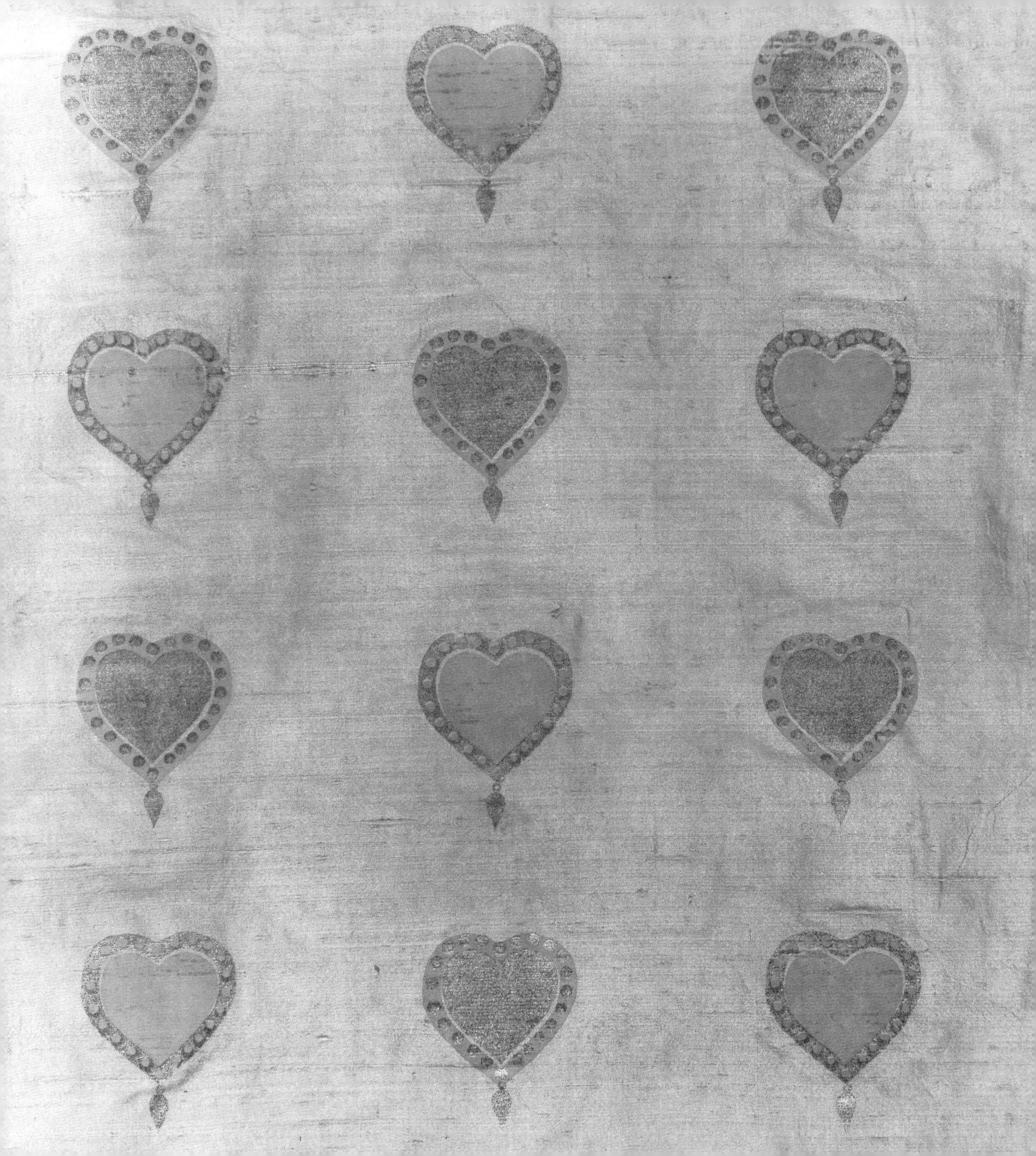